머나먼 길

머나먼 길

김경환 수필집

발행일 | 2025년 7월 2일

지은이 | 김경환

펴낸곳 | 도서출판 시와 이야기

주 소 | 서울특별시 중구 마른내로 8길 14 3층 (인현동 2가)

전 화 | 010-8947-2462

Email : heir201933@gmail.com

ISBN 979-11-93520-23-9

이책의 판매 공급처 | 도서출판 시와 이야기

· 이 책의 내용은 저작권법에 따라 보호받고 있습니다.

머나먼 길

김경환 수필집

차 례

공동묘지

도박

인연

새벽길

홍수

IMF

입지적인 전설

고시원

우울증

눈물의 세월

들풀

마지막 안부

머나먼 길

딸과의 대화

아내와 산길에서 부르는 노래

등산화

아내가 왔다

잃어버린 것에 대하여

손녀

일본 여행

색소폰

우정은 뒷산처럼

눈길을 따라

친구의 그림자

비와 그리움

6박7일 호주여행

장미, 삶을 다시 피우다

마음을 옮기는 다리

너도 내 삶의 일부였다

설거지

문학의 길

시집을 얻다

형제

파지, 그 가벼운 무게와 무거운 이야기

한 잔의 추억

한 잔의 추억2

목탁, 그날의 진동

혼이 머문 산, 설악

촛불을 지켜다오

친구 찾아가는 길

장사의 시작

늙어간다는 것은

사랑의 이름으로

오월의 기억, 갈증의 시간

갈증

태극 종주 1부

태극 종주 2부

태극 종주 3부

태극 종주 4부

이사하는 날

가죽 인형의 고백

예비사위 보는 날

벌써 내 나이 칠순

홀로 된다는 것은

아버지의 노래

벌초

소풍

약닭

반려견 자야와 모야

산소

강부자

울고 싶어라

미신

"하느님과 부처님이 웃던 날"

에필로그

추천의 글

공동묘지

　겨울의 등골은 바람이었고 그 바람은 뼈를 베듯 우리의 귀와 목덜미를 할퀴며 지나갔다. 그날 밤 친구들과 함께 어둠의 언저리를 향해 산을 올랐다. 그곳은 사람의 기척보다 무덤의 숨결이 먼저 밟히는 공동묘지였다. 그 무거운 밤공기를 가르며 먼저 올라간 상욱이는 묘비들 사이 움막 하나를 지어 놓고 우리를 기다리고 있었다. 마치 죽은 자들 틈에서 숨 쉬는 이들만의 비밀 의식을 준비한 듯 짚을 깔고 촛불을 켜며 불경하지 않게 우리를 맞이했다.
　우리가 그곳에 간 이유는 단순했다. 세상의 눈길이 닿지 않는 그 음영 속에서 도박을 하기 위해서였다. 누가 묻는다면 왜 하필 그곳이었냐고 물을 것이다. 대답은 간명하다 모두 나 때문이었다. 나는 도박을 사랑했고 도박은 나를 무너뜨렸다.

아내는 내가 어디서 패를 섞고 있는지 정확히 알지 못했지만, 감은 있었던 모양이었다. 그녀는 늘 신고라는 마지막 카드로 나를 막으려 했다 하지만 나는 번번이 그 덫을 벗어났다.

  양복점 친구의 사무실에서는 화장실에 다녀오던 틈에 순경들의 손길을 피해 있었고 전자상가의 친구 사무실에서는 부엌에서 물을 마시다가 덮치는 광경을 눈으로만 목격했다. 복덕방에선 외부에 나가 소변을 보는 사이, 다방의 뒷골방에서는 커피 한 잔에 광을 팔며 앉아 있었으나 패를 쥐고 있지 않았다는 이유 하나로 구경꾼 행세로 빠져나왔다. 그렇게 몇 번이고 빠져나오자 결국 동네 파출소의 얼굴 없는 수배자처럼 내 이름은 잠복 순경들의 입에 무겁게 맴돌았다.
  함께 놀던 친구들은 겉으로 웃으며 나를 맞았지만, 속으로는 불안에 찌든 망설임이 묻어 있었다. 나와 함께 도박을 하는 순간 파출소의 기척도 따라올 것을 알고 있었기 때문이다. 하지만 나를 내칠 수도 없었던 그들은 나를 애매한 경계에 세운 채 두려움과 의리 사이에서 방황했다.
  아내는 매일 밤, 나의 빈자리를 마주하며 밥도 먹지 않고 기다렸다 그녀는 세 번의 신호로 나를 불렀다. 첫 번째는 파출소 전화번호, 두 번째는 경찰서 번호, 세 번째는 아무 말 없이 바로 신고였다.

그녀의 그 침묵 속 외침은 내 도박을 끊기 위한 필사적 언어였으며 기다림이 삐삐의 음파로 전환되어 내게 경고음을 울려댔다.

결국 어느 날, 운명의 패는 뒤집혔다. 카드놀이를 하던 밤, 순경들이 덮쳤고 이번엔 나도 빠져나가지 못했다 파출소 차석은 내 신분증을 확인하고선 손뼉을 치듯 말했다.

"드디어 잡았다 여덟 번만이야."

그들은 마치 사냥하듯 나를 체포했지만, 나는 창살 없는 구속에서 자유로웠던 적이 없었다. 파출소의 어두운 구석에서 쭈그리고 앉아 있던 그 순간, 새벽을 기다리던 그 시간에 파출소 소장님이 들어왔다. 그는 나와 과거 형님 동생 하던 사이였다.

어색한 공기가 실내를 맴돌 때, 그는 조용히 구두를 벗더니 구두를 던질 듯 팔을 들며 "세 번 셀 동안 안 나가면 죽는 줄 알아라."고 했다.

나는 망설이지 않고 밖으로 걸어 나왔다. 문을 나서며 어둠이 어깨를 토닥였다. 그것은 일시적인 구원, 사적인 연민이 만들어낸 탈출구였다.

그 후, 내 이름은 도박판에서도 기피의 대상이 되었다. 친구들은 내가 오는 걸 불안해했고, 결국 도박의 장소는 더욱 음지로 숨어들었다. 그리고 도달한 곳이 바로, 공동묘지였다.

바람이 약하고 불빛이 새지 않는 곳 불 살게, 그러니까 번개탄을 팔던 친구가 제안했다. 그는 홀로 연탄불을 들고 골목마다 외치던 외로운 장사꾼이었다. 도박판에서 만난 인연이었지만 도리를 치면 누구보다 민첩했고 승률은 확신에 가까웠다. 그의 제안에 우리는 고개를 끄덕였다. 나 역시 도박에서는 자타가 공인하는 능력을 갖췄다. 두 바퀴만 돌면 상대 패가 눈에 들어왔다 광을 팔며 외운 패의 배열로 판을 주도했고 48장의 세계는 내 머릿속에서 나열된 문장처럼 정리됐다. 친구들은 그 사실을 알면서도 내게 경계를 놓지 않았고 나는 묘지의 바닥 위에 짚을 깔며 어둠의 지붕 아래 촛불을 켜고 또 한 번의 게임을 시작했다.

그러던 어느 날, 영하의 칼바람이 묘지 사이를 휘젓던 한밤중 귀신도 무서워한다는 침묵을 깨는 소리가 들려왔다.
"XXX 나와라!"
울리는 손 확성기 소리 산울림처럼 퍼지는 그 목소리에 모두가 얼어붙었다. 도박판의 공기는 쪼개질 듯 긴장했고, 친구들은 하나같이 나를 바라보았다. 내 심장이 주검보다 더 고요해질 때, 나는 그 목소리를 알아챘다. 그건, 내 아내의 목소리였다.

이름도 없는 묘지의 중턱, 세상에서 가장 깊은 어둠 속까지 그녀는 나를 찾아온 것이다. 그녀의 외침은 확성기의 기계음을 타고 산을 울렸고 그 울림은 내 죄의식보다 더 깊게 내 가슴을 찔렀다.

어떻게 알았을까?

누가 귀신을 믿는다 해도 나는 그날 밤 살아 있는 한 사람의 사랑과 분노가, 세상 그 어떤 미신보다 정확한 추적이 될 수 있음을 처음으로 알았다.

그날 밤, 나는 생의 방향이 꺾이는 소리를 들었다. 바람이 우는 것처럼 들리던 묘지 한복판에서 나는 참으로 산 자의 소리를 들었다. 그 목소리는 내 모든 도박판의 환희를 눌렀고 그 소리의 여운은 한겨울보다 더 차갑게 나를 흔들었다.

도박

깊은 밤 죽은 자들의 침묵 속에 파묻힌 산등성이 그곳 공동묘지엔 살아 있는 자들의 비밀스러운 불빛이 깜빡이고 있었다. 손확성기를 쥔 아내의 목소리는 마치 망자의 무덤에서 되살아난 심판자의 외침처럼 어둠을 가르며 울려 퍼졌다.

"XXX 나와라!"

불길처럼 타오르는 그 음성은 단지 이름을 부르는 소리가 아니었다. 그것은 도망치려는 나의 과거를 죄목으로 낭독하는 바람에 실린 불호령이었다. 친구들은 내 어깨를 밀쳐댔다. 가라고 도망치라고 네 아내가 왔으니, 더는 같이 놀 수 없다고 나는 몸을 일으켜 공동묘지의 적막을 뚫고 다가오는 그 목소리를 향해 걸어갔다.

죽음을 향하듯, 아니 삶이 버린 나를 향하듯

"어디까지 쫓아오려는 거냐, 도대체 너에게 졌다!"

그녀는 그렇게 말했다. 분노와 체념이 뒤엉킨 목소리였다. 순간 울컥했지만 나는 그녀를 원망하지 않았다.

나는 나 자신이 무너지고 있음을 알고 있었고, 내가 하는 짓이 사랑이라는 언어로 설명되지 않음을 뼈저리게 느끼고 있었다. 어떻게 알았느냐고 아무리 다그쳐도, 아내는 입을 굳게 닫았다. 입은 닫혔으되 눈은 말하고 있었다.

'나는 다 알고 있었다'고 그녀의 침묵은 도박판보다 더 강력한 진실의 기호였다. 시간이 흐르고 계절이 세 번 바뀌어도 그녀는 단 한 번도 그때를 회상하지 않았다.

"기억 안 나"

그 한마디로 말 문을 닫았다. 내 인생의 비밀을 가장 정확히 알고 있는 유일한 사람은 그 비밀을 끝내 말하지 않는 사람이었다. 아내를 피해 나는 다시 어둠 속으로, 도박판으로 미끄러졌다. 그 고요한 죄의 터널은 길고도 끈질겼다. 어느새 부모님의 귀에도 내 이야기가 들렸다. 집 근처를 지나가며 들르던 친정 같은 그곳조차 나를 반기지 않았다. 아버지는 뒷산 나무 아래 도박판을 벌이고 내려오는 내 모습을 보며 내 등 뒤로 침을 뱉듯 말했다.

"저놈은 남의 돈 탐내는 도둑놈이야 저놈은 학창 시절에도 문제였어"

그 말은 내 가슴에 못처럼 박혔다. 그날 이후 나는 집 앞에서 발끝을 돌려 돌아섰다. 그늘이 된 자식은 부모의 빛에 들어갈 자격조차 없음을 알게 되었으니까.

그렇다고 내 삶이 게으르기만 했던 것은 아니다. 도박이 일상이었지만 나는 사업을 저버리지 않았다. 오히려 건축 붐이 일던 80년대 중반, 나는 인생의 첫 번째 행운의 파도를 탔다. 땀 흘려 납품한 자재들이 쌓여가고, 돈은 손에 묻어 흙처럼 흔해졌다. 주머니에 돈이 들어갈 틈이 없었고 트럭 조수석엔 수표가 구겨진 채 굴러다녔다. 금융 시스템도 없던 시절, 우리는 현찰을 끌어안고 살았고, 집 한 채가 말 한마디에 넘어가던 시절이었다.

그러나 그 바닥엔 깊은 구멍이 있었다. 도박이었다. 하루에 천만 원을 잃는 일이 잦았고, 그날도, 그다음 날도 그렇게 무너졌다가 웃으며 카드를 섞었지만, 내 속은 이미 무너진 벽처럼 금이 가 있었다. 그 사실을 아내는 몰랐다가 영원히 몰라야 한다고 믿었고, 어쩌면 그녀도 모르는 체했을 것이다. 나도 때론 악당이 된 영화의 주인공처럼, 현실과 허구의 경계에서 외줄을 타듯 살았다. 어느 날, 나의 사무실에서 도박판이 벌어졌다. 문을 닫고, 개를 문 앞에 묶어 사람을 막으려 했다.

그 개는 신기하게도 남자에겐 꼬리를 흔들고, 여자만 보면 짖었다. 아이러니하게도 그 개는 순경이 올 땐 아무 반응도 없었다. 결국 순경이 덮쳤고 우리는 또 모두 끌려갔다. 그 개는 그 후 보신탕 좋아하는 선배에게 넘겼다. 그런데, 다음 날 선배의 전화가 왔다.
"그 개, 산에 풀어놨는데 도망갔어"
그 말에 나는 웃었다. 마치 내 자유의 상징이 사라졌다는 듯 그날 이후 개는 사라졌고, 나의 도박판도 한순간의 균열을 맞았다.

그러던 어느 겨울 새벽, 밤을 새워 도박한 채 납품 현장에 갔다 그곳엔 쓰레기를 가득 실은 경운기가 길목을 막고 있었다. 무게에 눌려 뒤로 기울던 경운기의 키는 꽂혀 있었고, 나는 욕심처럼 그것을 움직이려 했다. 시동은 걸렸으나 브레이크는 듣지 않았다. 앞엔 마트 뒤는 낭떠러지였다.
나는 오른쪽 전봇대를 들이받았고 경운기는 휘청이며 전복되었다. 지붕이 없는 경운기였다. 그것이 나를 살렸다. 지붕이 있었다면 그날이 내 인생의 마지막 장면이 되었을 것이다.
그 순간, 겨울 새벽을 걷는 누군가가 소리를 질렀고, 지나가던 이들이 하나둘 모여 경운기를 들어 올리려 했지만 너무 무거웠다가 떨어진 경운기에서 나는 외마디 비명을 질렀다. 내 발은 이미 부풀어 올라 머리통만 했다. 그리고 나는 그 자리에서 실신했다.

병원에서 깨어났을 때, 신발도, 양말도 잘려 나가 있었다. 발에는 깁스가 감겨 있었고 나는 처음으로 어디도 도망갈 수 없는 몸이 되었다. 친구들은 도박의 유혹처럼 삐삐를 울려댔지만 이번엔 아내가 나섰다. 도박꾼들을 불러 모아 빚잔치를 열고, 모두에게 선언했다.
"이 사람에게 돈 빌려준 사람, 이 자리에서 말하시오"
그날 이후, 누구도 삐삐를 치지 않았다. 아내는 나를 삶으로 끌어올리는 유일한 손이었다. 나는 공처가가 되었고 담배 한 갑조차 허락 없이 사지 못하는 신세가 되었다. 한때는 내 손안에 수천만 원이 있었고, 세상은 내 주머니 속에 있었다.
그러나 지금은 내 삶의 주도권이 아내에게로 넘어가 있었다, 허탈하게 웃으며, 나는 속으로 중얼거렸다.
"나의 세상은 끝났구나"
그것은 슬픔이라기보다, 삶의 늪에 빠졌다가 끝내 뭍으로 끌려 나온 자의 안도였고, 자조였다.
그리고 나는 문득, 묻는다.
"왜 그랬을까 정말, 왜 그랬을까"

인연

 일요일의 바람은 묘하게도 지난 시절의 옆구리를 툭, 건드린다. 혼자 걷는 산길, 익숙한 바위 곁을 지날 때면 문득, 바람이 말을 걸어온다.
 "너, 그때 옆에서 땀 닦아주며 쉬어가던 사람, 어디 갔니?"
 그 바위도 꼭 오래된 친구 같다. 묵묵히 자리를 지킨 채, 매번 같은 물음을 던진다. 그 물음은 들판을 가르는 바람처럼 조용히 마음속으로 스며든다. 그러면 나는 잠시 착각 속으로 미끄러지듯 빠져든다 아내의 체온이 아직도 내 곁에 남아 있는 것 같은 착각 정적 속에 울리는 건 단지 기억의 메아리일 뿐인데 우리의 시작은 누군가의 손끝에서 잉크처럼 번져 나왔다. 아버지 친구의 소개로 만난 그녀와 나는 종이에 닿은 먹물처럼 처음에는 조심스레 스며들었지만 곧 삶이라는 도화지를 함께 채워갔다 혼례를 치르고 신혼방을 꾸릴 때 그녀는 티브이 대신 책을 챙겼고, 나는 옷가지 몇 벌을 껴안고 들어섰다. 전자음 대신 책장이 지금 넘겨지는 소리가 울리던 방 삶은 그렇게 아무 것도 없었기에 오히려 차곡차곡 채워갈 수 있었던 시간이었다. 장인어른은 한 그루 오래된 느티나무 같았다. 98년 세월을 단 한 줄기 부끄러움 없이 살아낸 분 공무원으로 재직하던 시절에도 그의 손바닥엔 단 한 푼의 먼지도 닿지 않았다 했다.

 어느 날 배달된 상자 안, 돈뭉치를 돌려보낸 그 일화는 그의 청렴이 단순한 성품이 아니라 철학이었음을 보여주는 한 장면이었다.
 뿌리 뽑히듯 남하한 피난길, 고향 땅에 뿌린 고통은 남아 있었지만, 그는 북녘 가족을 다시 찾는 것조차 사양했다.
 그 만남이 또 다른 불행을 부를까, 남은 자들의 고통이 될까 염려하셨다. 통장으로서 그의 삶도 그랬다. 조용하지만 강건했다. 정권이 바뀌고, 통장이 줄줄이 물러나는 중에도 동네 사람들은 그를 지켜주고 싶어 했다. 마을 어귀에 걸린 플래카드는 바람에 나부끼는 그의 명예 같았다. 정 통장 외에는 통장 필요 없다는 플래카드의 글자 그가 동네를 위해 얼마나 묵묵히 애썼는지 그것은 누구도 말하지 않아도 모두의 기억 속에 뿌리내리고 있었다.

선거철이 되어 밥자리에 불려 가도 그는 '표는 그리 찍을 테니 됐소'라고 단호히 말했다. 그의 고집은 우직한 신념이었다. 결혼 전, 아버지는 나를 불러 단 한 마디 남기셨다.
"이제 내 할 일은 끝났다. 집에 손 벌리지 말고, 살아라."
그 한마디는 마치 나를 바다 한가운데 던진 돌덩이 같았다가 배운 것도, 가진 것도 없이 시작된 항해 육지 없는 바다 위에서 내 노는 한없이 가볍고 작기만 했다고 하지만, 어쩌면 그렇게 맨몸으로 시작한 인연이라 더욱 단단해졌는지도 모른다.
아버지 친구는 그녀와의 선을 권유하며, "저 집안은 눈 감고 가도 된다"고 했다.
우리 집은 옛적에는 궁궐 같은 이층집에 수도까지 있었고, 아버지는 효자였다. 고모, 삼촌들까지 모두 공부시키고 장가 시집보내며 할머니에게 200평 한옥을 지워주셨다. 커다란 한옥의 그늘 속에서 형제들을 길러낸 분이었다. 상해 임시정부 인사들이 집에 머물렀다는 이야기는 마치 오래된 흑백사진 속 한 장면처럼 들렸다. 하지만 정작 나는 그 그림자 속에 갇혀 있는 존재였다.
나라는 존재는, 그 집의 커다란 목판 벽화에서 빠진 조각처럼, 어딘가 이질적이었다. 나는 늘 집에 없었고, 무게 없는 존재로 떠돌았다. 동생들이 여자를 데려오고, 어머니는 나를 구슬리듯 혼내기 시작했다.

선을 몇 번 보다 지금의 아내를 만났고 그 선은 어찌 보면 '거짓말로 빚어진 만남'이었다. 나를 사업가라고 믿게 만든 것도 사실은 맘 편히 숨고 싶은 무대 뒤의 가면 같은 것이었다.

결혼은 번개처럼 왔다. 18일 만의 결혼, 아무것도 없이 시작된 방 두 칸짜리 신혼집 전자제품 하나 없는 그 방에서, 그녀는 책을 펴고 나는 옷만 뒤적였다.

그리고 어느 날, 멍게가 먹고 싶다는 임신한 아내의 말 한마디에 천 원이 없어 모른 척했던 기억 그날 이후로 멍게를 볼 때마다 그날의 미안함이 짭조름하게 입가에 감돌았다. 그땐 사랑보다 가난이 더 뚜렷했다. 기저귀 하나 없이 아기 울음을 맞이하던 날들 친구(종열)가 미역을 또 한 친구(인구)는 아기옷을 작은형이 십만 원을 건넸고 그 돈이 아기 기저귀로 바뀌었는지도 모르겠다. 그 고마움은 시간이 지나도 아내의 입에서 잊히지 않았다. 부모에게조차 손 벌릴 수 없었던 자존심 그렇게 우리는 서로의 바닥에서부터 길을 찾아 올라왔다.

할머니 장례식 때, 형제들과의 갈등은 내 자존심을 송두리째 흔들어버렸다. 생활 관념 없던 나를 향한 그들의 질책은 맞는 말이었지만, 사람이 말이란 바늘보다 아픈 때가 있다. 나는 아내의 만류에도 "너희에게 손 안 벌린다"는 말 한마디 남기고 산동네로 올라왔다. 새벽이슬처럼 젖은 눈으로 그때 아내는 말없이 따라왔다.

그 고개 너머가 끝인지 절벽인지 알 수 없던 길에서그녀는 나의 유일한 동행이었다.

다음 날 새벽, 그녀는 밥을 차렸다.

"사업하는 남자는 일찍 나가야죠" 그 말은 어쩌면 나를 깨우는 종소리였는지도 모른다. 아직 도착하지 않은 성공을 위한 예고, 사랑이 부여한 의무, 그리고 내 삶을 다시 부여잡게 하는 자존심 그 새벽은 추웠지만 나는 그보다 더 따뜻한 바람을 그녀에게서 느꼈다.

새벽길

　새벽은 늘 나에게 유예된 하루였다. 목적지도 없이 어둠을 뚫고 나와 차 안에 몸을 웅크리고 앉아서 해가 뜨기만을 기다리던 날들이 이어졌다. 그 속에서 나는 종잇장처럼 구겨져 있다가 슬며시 잠이 들곤 했다가 깨어나면 내 안의 침묵이 더 무겁게 밀려왔다.
　어느 날은 새벽 공기를 뚫고 당구장 문을 두드렸다. 밤새 장사를 마친 선배는 잠도 못 잔 채 문 앞에서 나를 맞았다.
　"아우야, 제발 한 시간만 늦게 올 수 없겠니?"
　형수의 말투엔 애절함이 섞여 있었고, 나는 그 말에도 아랑곳하지 않고 또다시 난롯불 앞에 스르르 앉아 잠에 빠졌다가 따뜻한 불 앞에서 피로는 말끔히 씻기지 않았고 불빛 아래 웅크린 나는 삶이라는 골목 끝에 내몰린 길고양이 같았다.

선배는 법대 출신이었다. 고시를 포기하고 당구장을 열었지만 여전히 머릿속은 법전과 논리로 가득했다. 나는 인생의 답을 구하지 못하고 살아가던 무렵, 그에게 법률 조언을 받으며 작은 질서라도 부여잡으려 애썼다. 돈이 생기면 내기 당구, 없으면 뒷주머니에 손만 넣은 채 관망하던 나는 언제나 경계 밖의 인간이었다.

하루하루는 낭떠러지 끝을 걷는 듯했다. 친구 도박장에서 고리를 봐주며 건네받은 몇 푼으로 연명하고 아내에게는 사업한다고 둘러댔다. 거짓은 늘 미안함을 동반하지만, 그때는 진실을 꺼내기엔 배고픔이 더 컸다.

그러나 그마저도 길이 막혔다가 동전의 반짝임이 다 닳아 없어지자 손에 쥔 건 오직 막막함뿐이었다.

하루만 더 오늘만 어떻게 버티자 그렇게 마음을 다잡다 보니 발길이 나를 다시 당구장으로 이끌었다. 그곳 난롯불 옆에 앉아 있자니, 평소 나의 밝은 얼굴을 기억하던 후배가 물었다.

"형님, 한번 자가용 영업해 보시지요?"

나는 고개를 저었지만 그는 기꺼이 나의 손을 잡았다. 그리하여 또 다른 새벽길이 시작되었다. 자가용 영업은 말처럼 쉽지 않았다. 사상 터미널에 발을 들이자 낯선 시선들이 나를 향해 달아올랐다가 터줏대감들의 욕설은 날 선 칼날처럼 살갗을 스쳤고 나는 그들을 외면할 수 없었다. 내 속엔 물러날 수 없는 벼랑 끝의 분노가 있었고 결국 바짓가랑이를 걷어차며 벌거벗은 의지 하나로 맞섰다. 그들의 욕설에도, 위협에도 흔들리지 않았다. 팬티 한 장 걸친 몸으로 서 있었던 나는 그날 인간이 가진 마지막 깡이라는 것이 어떤 것인지 알게 되었다. 온몸으로 외친 나의 결기는 결국 이성을 불러들였고 그들은 나를 끌어내지 못한 채 다음날을 기약했다.

그러나 나는 다시 그곳으로 가지 않았다가 나의 자리는 더 이상 그곳이 아니었다.

도시의 골목마다 숨은 구역은 있었다. 새로 온 자에겐 텃세가 어린 녀석들에게조차 '아저씨'라 불리는 존재감 없는 손님이 되기도 했다.

그러나 친구 하나가 밤의 골목 어귀에서 나를 위해 큰 술자리를 벌였다. 조방 앞 금호 나이트에서 양주를 시켜 나를 소개했고, 나는 그의 존재만으로 보호받았다. 그날 이후로 아이들은 나를 선배처럼 대했고 나는 다시 거리를 걸을 수 있었다. 그러나 그곳에서 삶도 오래가지 않았다가 삶의 방식이 내 자존심과 충돌할 때 나는 또다시 몸을 돌려야 했다.

그 무렵, 아이가 태어났다. 가끔 엄마가 왔다 가고 하다 보니 냉장고 하나 없이 이동식 찬장에 사는 것이 마음에 걸려 아버지에게 얘기했던 거 같았다. 그 후 250리터짜리 냉장고 하나 놔 주셨고 나에게 일 시켜 주려고 나에게 올라오다 얼음 얼은

계단에서 미끄러져 팔이 부러져버렸다. 엄마가 우리 집 다니는 것이 안쓰러워 전화도 개통시켜 주셨다.

아버지는 말없이 트럭 한 대를 손에 쥐여주셨고 그것이 나의 첫 기둥이 되었다. 1톤 트럭은 내 삶의 배가 되었고 나는 매일 무거운 짐을 싣고 도시의 파도를 건넜다. 비닐 천막 아래 임시 방에 살며 바퀴벌레와 쥐를 동거인 삼아 살아갔던 날들 밥상에 바퀴벌레가 빠진 날 아내는 "먹다 보면 그럴 수도 있지"라며 되레 화를 냈고 나는 그 순간에도 부끄러움 대신 생존의 자존심을 되새겼다가 그런 그녀의 강인함에 나는 늘 무너졌다.

지붕을 덮은 천막은 겨울에는 추위에 떨었고 여름에는 선풍기 하나로 버티고 비가 오면 비 샐지 걱정하고 태풍 앞에서 언제 날아갈지 모르는 삶의 불안이었다.

그러나 나는 일터로 향했고, 새벽에 뜬 별을 보고 나가 밤하늘 달을 보며 돌아왔다. 김치 한 조각, 쌀 한 되로 보름을 버티며 하루를 쪼갰다. 아이 장난감 하나가 없어 철거 현장 쓰레기 더미에서 주운 녹슨 스프링 의자를 정성스레 닦던 그날 아내의 눈에서 쏟아지던 눈물은 아직도 내 마음속에 깊이 묻혀 있다

어느 날 둘째 형님 집에 아내와 갔더니 아직 태어나지 않는 조카 외제 장난감 박스 안에 가득 있는 집으로 돌아오며 아내의 얼굴을 보며 미안함이 스며들었다.

나는 지독하게 일했다. 시간도, 체면도 버리고 사람과의 신뢰

하나로 하루를 여닫았다..

 어느 날 누군가 돈을 떼먹으려 하자 나는 시멘트 철판 위에 누워 드러누웠다. 그 장면을 본 사람들은 나를 '독일 병정'이라 불렀다. 그 별명에는 생존을 위한 뚝심이 담겨 있었다 돈 없이 시작해, 없는 것투성이에서 살아남기 위한 몸부림으로 나는 거기서 자신을 조금씩 조용히 세워가고 있었다.

 그렇게 세월은 흘렀고, 트럭을 덤프로 바꾼 날, 나는 삶에 처음으로 '날개'를 달았다는 것을 느꼈다.

 680만 원짜리 덤프트럭, 그 고철 덩어리는 내게 처음으로 생존 이상의 의미를 선물해 줬다. 사람들은 나를 다르게 보기 시작했고 나는 날마다 다시 쓰기 시작했다가 정리되지 않았던 삶의 문장을 가지게 됐다. 그 문장에는 비로소 마침표가 아닌 쉼표가 생겨났다. 삶은 여전히 머나먼 길이었지만, 이제 나는 그 길을 걷는 법을 조금은 알고 있었다.

홍수

　홍수처럼 밀려든 기회는 예고 없이 삶의 언덕을 덮쳐왔다. 시멘트 한 포가 금덩이로 변하던 시절, 나는 그 흐름을 본능처럼 감지했다. 철거민 동네의 허름한 벽들이 무너지고, 마치 새살이 돋듯 콘크리트가 올라가던 순간, 나는 허물어진 삶 위에 새 터를 닦는 개미처럼 정신없이 뛰어다녔다가 오다는 2,000원 바닥에서 시작된 숫자가 어느덧 8,000원을 찍고 시멘트는 금보다 귀한 존재가 되어갔다.
　차에 시멘트를 싣고 가기만 하면 인생이 바뀌던 그때, 덤프는 나의 돛이었고, 기사들은 선원이었으며, 나는 배의 선장이 되어 몰아치는 파도 속을 가로질렀다. 기사들의 땀에 보답하듯 누구보다 넉넉한 월급을 안겼다. 그만큼 달리고, 그만큼 버티고, 그만큼 번 돈은 내 삶의 조각보처럼 꿰매진 시간의 결실이었다.

어느 날엔, 시멘트를 구하지 못해 안달하는 건설회사 간부가 도움을 청했다가 나는 고무대야처럼 질긴 인연을 쥐고 대리점을 쫓았다. 사장 뒤를 식당까지, 화장실까지 묵묵히 따라다니며 그 자리를 지켰다. 그리고 말없이 돈이 묶인 가방을 던졌다.

금액도, 조건도 말하지 않은 그 침묵 속에 내 진심은 무언의 계약처럼 각인되었다. 나중에 들으니 그게 통 큰 거래였단다 그 무언의 신뢰가 쌓여 시멘트가 실린 트럭이 내 앞에 도착했다.

나는 그 물량을 본전으로 건재상에 돌렸다. 지금 돌이켜보면 어쩌면 어리석은 선택이었는지도 모르지만, 당시의 나는 그런 손해조차도 인생의 학습으로 받아들였다. 그 간부는 호텔 커피숍에서 롤렉스 시계를 건네며 고마움을 표했다. 7,000원이던 시멘트가 만 원을 넘어가도 나는 정직한 이윤으로 거래했고 그 신뢰는 나를 또 다른 기회로 이끌었다.

아파트를 대출 없이 현찰로 마련하고 가족과 함께 입주한 날 아버지의 산소 앞에서 무릎을 꿇었다.

'이젠 시작입니다, 아버지'

그렇게 눈물 속에 승부의 서막을 알렸다. 내가 걸어온 길은 단지급이진 인생이 아니라, 구불구불한 감정의 골짜기였다. 어릴 적, 구두 닦던 친구들과 운동부를 상대로 야구방망이를 들고 학교 정문을 지켰던 기억은 지금 생각하면 웃을 수도 울 수도 없다.

그 시절, 나는 법보다 주먹이 가까운 세상을 살았고, 그 대가로 교장실 앞에서 아버지의 고개 숙인 뒷모습을 보며, 세상의 무게를 처음으로 깨달았다. 그 흰머리 하나하나가 나의 철없음을 꿰뚫는 가시였다.

오랜 시간이 흘러, 납품하러 간 절에서 옛 친구를 만났다. 법당 뒷문에서 불리는 내 이름에 뒤를 돌아보니, 그가 있었다 50년 전, 내가 괴롭혔던 친구 지금은 스님이 되어 있었고, 나를 보고 웃으며 말했다.

"너, 그때 나한테 돈도 많이 뺏었지?"

그 한마디에 웃음과 눈물이 동시에 흘렀다.

그렇게 우리는 과거의 그림자를 등에 지고 다시 사람으로 마주 앉았다.

나는 어린 시절부터 책을 좋아했다. 책상 밑에서 몰래 읽던 소설들, 국제신문의 연재소설을 손꼽아 기다리던 저녁들 그리고 학교 게시판에 걸렸던 내 글들 그 모든 것은 나에게 문장의 뼈대를 남겼고, 그 언어는 지금도 내 삶의 배경음악처럼 흐르고 있다.

아버지의 장례식, 연락을 안 해도 나의 손님이 어마하게 왔다. 그날 나는 너무 없었다.

쌀 한 톨, 돈 한 푼 없던 집에서 아내는 시어머니의 장례치고 보자 말에 기대를 걸었지만, 그 말은 이루어지지 않았다. 큰형은 장례비를 각출하며 엄마 드리고 남는 돈을 각자 나눠 갖자 했고 나는 철없이 고개를 끄덕였다.

 나중에야 딸에게 들었다. 그날, 우리가 얼마나 아무것도 없었는지를 나를 찾아온 고마운 손님들은 나중에 내가 갚아야 하는 빚이라는 것을 모른 채.

 그 후에도 삶은 쉽지 않았다. 동생 형들의 삶은 언급조차 하지 않았지만, 내 인생은 홀로 벽돌을 쌓는 집짓기였다. 가난은 삶의 습관이 되었고 일은 존재의 증명이 되었다. 직원들이 코피를 흘릴 정도로 일했지만 나는 그보다 더 땀을 많이 흘렸다. 그 누구도 나 앞에서 농땡이로 볼 수 없었다. 내 몸 하나로, 내 삶 하나로 모든 걸 끌어안고 버텨야 했기 때문이다.

 그 시절의 나는 단지 돈을 벌던 사내가 아니었다. 나는 가정의 벽을 바친 석공이었고, 인생이라는 벽돌을 쌓는 목수였으며, 기억이라는 골목을 달리는 배달부였다. 내가 싫은 것은 시멘트만이 아니라 가족의 꿈과 아버지의 그림자였고, 내가 받은 것은 돈만이 아니라 세월의 울림과 사람의 마음이었다.

 그리하여 지금, 나는 말한다. 모든 고난은 홍수였고 그 홍수는 내 삶을 휩쓸지 않고 오히려 거름이 되어 땅을 기름지게 했다고 그리고 그 위에 피어난 집 한 채, 아내의 웃음, 아이들의 눈빛이 내가 지켜낸 풍경이라고 그 풍경 안에서 나는 여전히 일하고, 여전히 살아가며, 이 모든 이야기를 한 편의 시처럼 꺼내어 가슴속에 고이 간직한다.
  그리하여 지금, 나는 말한다.

IMF

    두세 명의 대통령이 자리를 거치는 동안, 경기라는 바다는 늘 거센 파도에 시달렸다. 햇살 같은 날은 드물었고 외상은 마치 천둥처럼 쌓여가다 결국 비처럼 터졌다.
    현금 흐름은 마치 멈춘 강처럼 얼어붙었고 나는 빚이라는 바위에 눌려 숨이 막혔다. 안락동 연탄공장 뒤편의 블록 공장은 지금은 아파트 단지로 바뀌었지만 그 시절엔 내 숨통을 트이게 해준 황금어장이었다. 공장들이 경쟁하듯 물건을 쏟아냈고, 거래를 못 하면 손해라는 듯 나를 붙잡았다. 보름마다 돌아오는 공장 일꾼들의 급여일 사장들은 내게 전화를 걸어왔다.
    오늘은 간주 날이라며 공장 사장을 대신해 내가 수천만 원을 들고 가서 월급을 지급했다. 그 신뢰가 자산이자 족쇄가 되었다.

그러다 어느 날 바닥을 뒤흔드는 IMF라는 지진이 찾아왔다. 그간 믿고 받아둔 어음들이 연이어 부도가 나며 나의 기반을 무너뜨렸다가 한 장 두 장씩 돌아오는 수표는 마치 나뭇잎처럼 떨어졌고 나는 그 낙엽 더미 속에서 허우적댔다. 그래도 그때는 일의 양으로 버틸 수 있었기에, 아직은 침몰하지 않았다. 상황을 타개하고자 가게를 옮기고 나무와 합판으로 장사를 확장했다. 발품으로 귀동냥하며 배운 장사는 나를 또다시 시장으로 이끌었다. 무식한 자의 용기는 무모함을 뛰어넘어 의지가 되었고 나는 물고기 떼처럼 주문을 받아냈다.

하지만 그만큼의 손실도 뒤따랐다 봄에 부도 맞으면 가을에, 가을에 맞으면 봄에 다시 일어나는 고된 순환의 길이었다.

그러던 어느 해, 4월, 5월, 7월, 9월… 계절을 따라 연타로 부도가 덮쳐왔다. 사기를 치겠다고 작정한 자들, 뻔뻔하게 배 째라는 자들, 그리고 법조차 힘을 쓰지 못하는 현실 속에서 나는 어둠을 걸었다. 수입업체 줄 돈에 처가댁 담보까지 내줄 상황 가슴엔 돌덩이 같은 응어리가 솟았다. 자정쯤 잠들어도 새벽 한 시면 눈이 떠졌고, 마른 입에 넘기는 물조차 목에 걸리는 날들이 이어졌다가 매달 돌아오는 어음만 9천만 원 그야말로 하루하루가 전쟁이었다.

어느 날, 끝을 봐야겠다고 결심했다. 석유통 하나를 샀고 머릿속엔 옥상에서 뿌릴까 지하에서 올릴까 하는 시나리오만 가득했다. 그걸 들고 돌아왔을 때, 아내는 궁금해하며 기름은 왜 사냐 물었다. 속에선 복수의 불이 타오르고 있었지만 겉으론 아무 말도 하지 못했다.

그렇게 하루하루를 견디다 어느 날 티브이에서 대구 지하철 화재 사건이 나왔다가 연기 속에서 형체도 알아볼 수 없는 시신들이 들것에 실려 올라오고 온통 검게 그을린 현실이 브라운관을 타고 들어왔다. 그때 거실에 앉아 있던 아내와 아이들이 눈에 들어왔다. 늘 내 옆에 있었지만 보이지 않던 이들 그들이 한순간 선명하게 떠올랐다가 나는 욕실에 들어가 샤워기 물을 틀어놓고 소리 없이 울었다.

입술을 깨물며, 마음속에 쌓아둔 회한과 분노와 고독을 함께 씻어냈다.

'그래, 다시 시작하자 처음부터 맨몸으로 시작하지 않았나'

그날 이후, 통에 담긴 석유는 사무실 보일러 기름으로 쓰였고 그 통은 지금도 내 가게 구석에 놓여 있다. 내게 두 번째 생명을 건네준 상징처럼.

그 후 나는 도움을 청했다고 믿고 있던 친구에게 전화를 걸었고 그는 얼마냐 물으며 단숨에 도와줬다.

각 대리점 이사에게도 솔직하게 사정을 설명했다. 누구도 나를 외면하지 않았다. 그렇게 나는 다시 한고비를 넘겼고, 조금씩 회복의 물꼬를 텄다.

울산 삼산동 초창기, 허허벌판 같던 땅에 술집이며 식당이 하나둘 들어설 때, 나는 트럭으로 물건을 쏟아부었다. 현찰은 없었지만 물건은 팔렸다.

그때 버티지 못했다면, 지금의 나는 없었을 것이다.

그러던 어느 날, 친구와 함께 300만 원으로 백억을 일군 전설의 귀인이 내 앞에 찾아왔다. 내 인생의 또 다른 전환점이었다.

입지적인 전설

    삶이란 때때로 한 편의 전설을 곁에서 지켜보는 일이다. 나의 선배는 그런 사람이었다. 강철 같은 카리스마와 야성의 따뜻함을 동시에 지닌 채 도시마다 이야기를 남기고 흘러가는 입지적인 존재. 그의 등장도 그랬다.
    마치 오래전 전설 속 인물이 현실을 두드리듯, 그는 어느 날 친구와 함께 불쑥 사무실 문을 열고 들어왔다.
    "야, 인마. 너는 연락도 없이 살아 있었냐?"
    그의 말은 툭툭 내던지는 돌 같았지만 그 속엔 오래 묻힌 정이 숨어 있었다.
    그를 보는 순간, 나는 한 시절의 후배로 돌아가 있었다. 총각 시절, 나이트클럽 지배인으로 활약하던 그는, 그곳에서 나를 벽처럼 바라보게 했던 선배였다.

업소 출입도 조심스럽게 하며 그의 조언 한마디면 어깨에 실었던 힘도 자연스레 빠졌다. 나는 그의 입지적인 전설을 귀동냥으로 들으며 상상했다. 300만 원을 들고 서울로 향해 나이트클럽을 열고 텍스 천장을 검정 페인트로 칠하고 깡통 전등을 매단 채 밤의 불을 밝히던 이야기 부천인지 대전인지 기억은 희미하지만 그곳은 곧 입소문이 퍼지며 밤 여덟 시만 되면 손님들이 밀려와 셔터를 내리고 한 좌석씩 손님을 들였다는 이야기 그는 나이트를 사업으로 만들 줄 아는 사람이었고 사람을 끌어들이는 본능이 있는 인물이었다.

그 선배의 나이트클럽 인테리어를 맡았던 친구는 일종의 '주'라는 개념으로 배당을 받았다. 계약서 하나 없이 말로 몇 주를 받았고, 처음엔 3주로 시작해 남들 거리는 5주를 더해 8주를 채웠다. 배당은 석 달 후부터 시작되었고, 그는 매달 수백만 원의 수익을 받았다. 연말이 되자 그 금액은 1,200만 원까지 올랐고 나중엔 몇억 원의 이익을 얻고 지분을 팔고 나왔다.

나는 그 시절 '주' 하나 사볼 엄두조차 내지 못하던 처지였다 허덕이던 삶의 언저리에서 선배에게 도움을 청했지만, 돌아온 말은 냉정했다.

"다 나가고 너에게 돌아갈 건 없다"

그러나 그날 이후, 삶은 방향을 틀었다.

"요즘 어렵냐?"고 묻는 선배는 말없이 3,000만 원을 던져주었다. 말로는 우는 놈 같다고 했지만 그 돈은 진흙탕에서 허우적거리던 나를 건져 올리는 줄이었다. 그날 이후, 나는 진흙에서 서서히 벗어나기 시작했다. 그는 말했다.
"동네 구멍가게보다 비싸면 안 된다"
그의 장부는 단순했고, 계산서의 총액만 볼 뿐 항목을 따지지 않았다가 그런 신뢰에 나는 손이 떨릴 만큼 정직하게 작성했고, 어느덧 그에게 물건을 납품하는 파트너가 되었다가 수많은 도시, 수많은 나이트클럽 진주 빅토리아, 여수, 제천, 오산, 수원 시청 뒤, 서울 동대문구 장안동 경남호텔까지 지게차가 들 수 있도록 아내와 밤을 새우며 짐을 꾸렸고, 트럭 세 대가 같은 시간에 도착해 지게차가 일제히 움직이던 순간들 그것이 나의 재기였다.
구미 호박 나이트 오픈 때, 백지영과 하리수가 노래를 부르던 그날 연예인들이 우리 좌석에 와서 인사하고 그들에게 술을 따라주던 모습은 마치 영화 속 한 장면 같았다. TV보다 실물이 더 예뻤다는 감탄 속에, 나는 여전히 입버릇처럼 선배에게
"형님, 얼마 주고 부른 겁니까?" 묻곤 했다.
은행 인테리어 납품도 이어졌다. 부산, 경남 일대의 국민은행, 신한은행, 외환은행까지 하루 5,000만 원씩 직송을 포함해, 한 달 2~3억씩 팔기도 했고, 당시 수익률로 어느 정도 자리를 굳혔다.

새벽 4시부터 저녁 6시까지, 그리고 밤늦게까지 아내와 일하며 부도 위기를 넘긴 날들이 있었다. 한때는 계산을 돌려보며 최소 40억의 부도를 낼 수도 있겠다고 생각했고 아내에게 말했다.

"부도내자"

그러자 아내는 단호하게 말했다.

"그렇게 하고 애들하고 발 뻗고 잘 수 있겠어?"

그 말은 내게 일생의 방향을 다시 틀게 한 경종이었다. 말도 꺼내지 말라는 그 말 한마디가 내 마음속에서 거대한 돌처럼 남아 나는 다시 시작할 힘을 얻었다.

추석을 앞두고, 장모님이 던진 말은 또 하나의 깨달음이었다.

"김 서방, 자네 명주인 줄 알았더니 삼베였네"

그날 이후, 나는 처가부터 정리하기 시작했다. 그리고 한 해를 결산했을 때 은행 빚 150만 원만 남기고 모두 갚았다. 하늘이 도왔다고 아내는 말했다.

나도 그렇게 믿고 싶었다. 어느 날, 선배가 불러 산청 그의 집에 갔더니 삼천 평에 잔디와 찜질방, 자연석 마당까지 갖춘 그곳에서 그는 말없이 내게 말했다.

"언제든 자고 가라"

지금은 연락이 끊겼다. 전화번호도 바뀌고, 그와 친구는 내게 전설로만 남았다.

하지만 그들은 내 삶의 방향을 틀어준 구세주였다. '머나먼 길' 속에서 내가 다시 뿌리를 내릴 수 있었던 건 그들이 있어 가능했던 기적이었다.

고시원

어느 날 아침, 꿈결처럼 가슴을 짚어보았다가 매일 눌러오던 그 무겁던 덩어리가 사라졌었다. 언제 빠져나갔는지도 모를 몸 속 어딘가 깊숙이 박혀 있던 돌덩이 같은 응어리가 사라진 자리엔 낯선 공기가 고요히 맴돌았다.

스트레스가 병이 된다더니 참으로 그 말이 맞는 듯했다. 마음을 조금 비우고 나니 어쩌면 그 무게도 놓아졌는지도 모른다. 장사를 하며 부부가 함께 출퇴근하다 보면 서로의 그림자 안에서 숨이 막힐 때도 있다.

그런 어느 휴일, 몇몇 동료들과 함께 산행에 나섰다. 아내와 일행들을 뒤로 두고 나는 홀로 먼저 산길을 올랐다.

그 길 위에서 모르는 여성 둘이 다가왔다가 함께 가자 하며 배낭 속 맛있는 것을 꺼내어 주고, 웃으며 걸음을 맞췄다. 순간, 낯선 여유와 설렘이 스치듯 지나갔다.

  그늘 밑에 앉아 쉬던 중 아내와 일행이 도착했다. 아내는 의심스러운 눈초리로 나를 바라보았고 여성들은 익숙한 듯 웃으며 "방금 여기서 만났어요" 하고 가버렸다. 말없이 바라보던 아내의 눈빛이 기억난다.
  그 순간, 나 또한 내 마음의 균열을 들킨 듯했다. 그 시절, 도박 사건 이후 한눈팔 겨를도 없이 하루가 쏜살같이 흘렀다.
  카드를 들고 있어도 돈 뽑는 방법도 몰랐고 은행에 가서도 당황스러운 눈초리를 받아야 했다. 머리는 헝클어졌고, 얼굴은 수염으로 뒤덮였으며, 옷에는 먼지가 내려앉아 있었다. 나는 일만 하는 삶의 가장자리에서 숨만 쉬는 사람이 되어 있었다.
  한 번은 호기심에 휴대전화로 060 성인 번호에 접속했다가 요금 폭탄을 맞고 아내에게 일 년 내내 바가지를 끌었다. 그래도 시간이 흘러 빚을 거의 다 갚았고 아내와 함께 산을 오르며 보내는 평화로운 시간이 찾아왔다. 소송 몇 건이 남아 있었지만 그건 옛 시절의 먼지 같은 일이었다.
  그러던 어느 날, 옛 가게 옆 모텔을 하던 여자로부터 전화가 왔다.

모델 일을 하다 모든 걸 잃고 서울로 올라가 별거 중이라 했다. 옆집에 있을 때부터 아내와 언니 동생 하던 사이였던 그녀는 아내에게 서울로 놀러 오라 했다고 아내는 잠시 고민하다가 나에게 물었다.

"다녀올까?"

나는 선선히 "그래, 며칠 있다가 와라 내가 혼자 할게" 했다. 그녀가 떠난 집은 쓸쓸한 자유였다. 그러나 막상 혼자 남으니 발걸음이 설 곳이 없었다. 몇 번을 더 서울을 다녀온 아내는 동생이라는 그녀가 5천만 원으로 고시원 사업을 시작해 2억을 만들었다며 자랑했다고 말했다고 아내는 말했다.

"나도 한번 해볼까?"

 나는 놀랐다.

"넌 뭐 아는 게 있나?"

그녀는 다녀오겠다며 준비를 시작했다 6,500만 원을 들고 전세와 권리금을 포함해 한남동 고시촌으로 올라갔다가 그녀의 중부지방 이주가 시작된 것이다. 초기엔 토요일에 올라갔다가 일요일에 내려왔고 이주 후에는 고시촌에 상주했.

그런데 그곳 월급 받던 직원이 돈을 만지다 보니 손버릇이 생겼다. 아내는 직접 운영에 나섰다.

3년 뒤 6,500만 원은 6억 5천만 원이 되었다.

아내는 고시원 방을 가득 채우고 권리금 받고 넘기고 지역 복덕방에서도 소문난 존재가 되었다. 천호동, 일산, 부천까지 네다섯 군데에서 장사를 시작했다 한 달에 나가는 경비만 수천만 원에 이르렀고 집에서 TV를 함께 보다가도 '톡' 소리와 함께 돈이 들어오는 세상이 되었다.

아내는 일주일에 한 번 집에 내려왔다. 처음에는 대화가 있었지만 점차 장부 정리에 밀려 대화는 줄어들었다. 어느 날은 찌라시를 뿌리는 아주머니가 전단을 몽땅 한 곳에 버리는 걸 보고 아내가 직접 거리로 나갔다. 먼지를 뒤집어쓰고 저녁에 돌아와 코를 풀면 새까만 먼지가 나왔다. 작고 여린 몸이었지만 그녀는 부당한 건물주와 싸우고 동네 건달들에게도 물러서지 않았다. 법적으로도 대응했고 결국 전세금을 받고 일산으로 옮겼다. 그곳에서는 방 120개짜리 고시원을 운영하며 직원 둘을 두었다. 그녀의 손이 닿는 곳은 돈이 되었다.

가건물 허물어주고 돈을 받아 두툼한 오만 원짜리 뭉치를 내게 던지며 "옷 사 입든 까까를 사 먹든 외상 장사는 하지 마라" 했다 그건 돈이 아닌 신뢰였다. 시간이 흐르며 나의 가게는 서서히 전성기를 지나고 있었다. 거래처를 정리하기 시작했고 나는 가을빛으로 물든 낙엽을 바라보며 한 문장씩 천천히 글을 써 내려갔다.

계절이 깊어질수록 내 마음은 고요해졌고 삶은 오래된 연극의 막이 내리듯 조용히 정리되어 갔다.

아내는 내게, 그리고 우리 가족에게, 생존의 본능을 가진 전사였다. 나는 그 숱한 길목에서 고개를 숙였고 그녀는 그 좁은 길목을 의연하게 걸어 나갔다.

어쩌면 '머나먼 길'이란 그런 여정을 품고 있는 말인지도 모른다. 흔들리며 버티고, 지며 살아도 결국에는 스스로를 일으키는 길 아내는 그 길의 이름이었다.

우울증

삶은 어떤 날, 예고 없이 무너지는 둑처럼 마음 깊은 곳에서부터 흔들린다. 그 무너짐은 겉으로는 아무 일 없다는 듯 평온하지만 그 속은 금이 간 도자기처럼 조용히 그러나 분명히 깨져 있었다. 아내는 늘 바빴다가 서울에서 내려오면 숨 고를 틈도 없이 가게로 들어가 회계 장부를 넘기고 거래처 정산을 도맡았다.
그녀는 경리였고, 행정이었으며, 무게 중심이었다.

그런 어느 날, 일이 삶을 덮치듯 그녀의 몸도 함께 무너졌다. 가게에서 지게차 작업 중, 원래 두 단만 올려야 할 물건을 네 단까지 올리는 실수가 있었고 아내는 순간적으로 무너지는 틈을 막아보려 1미터 넘게 날아가듯 넘어졌다 척추엔 금이 갔다. 병원에 몇 달을 입원했고 나는 아내의 곁에서 똥오줌을 닦고, 목욕을 시키며, 그녀의 시간에 잠겨 살았다.

그녀가 퇴원한 뒤에도 서울과 부산을 오가는 일은 멈추지 않았다.

아내는 말없이 나에게 장부와 세금, 계산서와 행정을 넘겼다. 나는 행정이란 말 자체에 낯설었고 수치를 맞춘다는 게 얼마나 번거로운 일인지 그제야 알았다.

아내는 치료를 핑계 삼아 몸의 피를 빼며 기력을 조금씩 되찾아갔다. 그사이 나는 홀로 남은 시간의 우물에 빠져들었다 어느샌가 세상이 희미해졌고 글을 쓰지 않으면 숨이 막혔다. 외로움이 너무 깊어 그 무게를 견디기 위해 나는 매일 시를 썼다.

별 볼이 없는 사물에도 시상이 떠오를 만큼 감정은 날카로워졌고 걸으면서도 밥을 먹으면서도 마음속에 문장이 피어났다. 그러나 그 수많은 시는 보관조차 되지 않은 채 사라졌다. 어쩌면 그 글들은 내가 살아 있던 흔적이 아니라 살아 있으려 했던 저항이었을지도 모른다.

그러던 어느 날, 나는 조용히 입을 열었다.

"이혼하자"

아내는 그 말을 듣고도 아무렇지 않게 흘려보냈다가 지쳐 있는 사람 앞에서 이혼이란 단어조차 무게를 가지지 못했다.

며칠 뒤, 아는 동생과 함께 철학관을 찾았다. 생년월일, 시간을 적어 넣고 이야기를 듣는데 철학관 주인은 나를 가만히 바라보며 물었다.

"왜? 이혼하려고?"

나는 간단하게, 성격 차이라고 대답했다. 그 순간, 그는 황금용을 탔다느니, 100년에 한 번 올까 말까 한 천운이니 하며 흥분했다. 뭐든 던지면 황금이 되어 돌아올 팔자라 했다. 믿기지 않아 다른 철학관 두 곳을 더 찾았지만 비슷한 말이었다. 아내는 몇 주 만에 집에 내려와, 묵직한 오만 원짜리 뭉치 두 다발을 내 앞에 던졌다.

"까까를 사 먹든, 외상 장사는 하지 말라"고 말하듯이

그러나 그 순간, 나는 돈도, 삶도, 아내도 싫어졌다. 세상이 아무 이유 없이 내게서 등을 돌린 것처럼 느껴졌다. 딸은 부부 상담 클리닉도 예약했고 비용도 부담했지만 나는 중간에 포기했다.

딸은 왜 그만뒀냐 물었지만, 나는 답할 수 없었다.

밤 12시 30분, 온 집안이 잠든 시간 핸드폰에서 모든 흔적을 지웠다. 마지막 글도 그와 함께 지워졌을 것이다.

나는 집안을 천천히 둘러보고, 눈을 감았다.

얼마 뒤 어찌 알았는지 아내가 들어와 목에 감긴 줄을 풀어냈다. 나는 꿈처럼 어둠 속에서 나만의 세계를 여행 중이었다. 여행이 끝나고 돌아와 보니 세상이 너무 밝아 눈을 들 수 없었다. 고개를 들 수 없는 부끄러움과 살아 있다는 무게에 다시 눌렸다.

그 후, 조용히 병원을 찾았다. 정신과 의사는 설문을 본 후 말 없이 고개를 끄덕였다.
"옥상에서 뛰어내리는 바로 밑 단계입니다"
처방전을 내밀며 말했다.
"사람들 속에서 지내세요. 외롭지 않게"
아내는 내 주변 사람들에게 부탁을 돌렸다.
"우리 아저씨 좀 지켜봐 주세요"

어느 날, 아내에게 전화가 왔다.
"당신, 성남 태평로 네거리로 좀 올라와 봐요"
처음 듣는 말이었다. 우리는 평생 '당신'이라 부르지 않았다. 그 말 한마디에 가슴이 울렸다. 그녀는 은행 대출을 받아 원룸 건물을 샀다고 했다. 방 53개, 90평, 우리가 힘으로 세운 집 번화한 사거리 중심에 우뚝 서 있었다. 나는 길을 걸으며 그녀의 위대함을 느꼈다. 평생을 묵묵히 감당한 사람의 뒷모습이 그날따라 거대해 보였다.

그 무렵, 나는 우연히 '밴드'를 알게 되었다. 띠밭 친구 밴드에 들어가 처음으로 글을 올리기 시작했다.
2년간 매일 글을 올렸고, 댓글이 달리고, 누군가 좋아한다고 말해주는 그 감정에 나는 처음으로 나를 인정받는 기분을 느꼈다. 우울증도 조금은 옅어졌던 것 같다.

그러나 삶은 그렇게 또 고요를 깨뜨렸다. 어느 날부터 아내는 내려오지 않았다.

전화 통화에선 "감기 기운이 있다"며 미루더니 어느 날 갑자기 내려와 장인어른, 장모님과 함께 밥을 먹는데 그녀는 밥을 제대로 먹지 못했다. 얼굴엔 붉은 기미가 번져 있었고 나는 감기 때문이라 여겼다.

얼마 후 어머니가 교통사고로 세상을 떠났다. 병원에서는 노환이라 했고 병원비와 장례비용은 우리가 모두 감당했다. 장례를 치르던 아내의 얼굴은 더 붉어졌고 대상포진이라는 말을 건넸다. 일주일 치 약을 한 달 먹었더니 그렇다고 했다. 아내의 건강은 더 나빠졌다가 마사지를 받아도 찜질해도 낫지 않았다. 병원을 찾아도 병명을 찾지 못했다. 딸이 일하는 회사의 영양제를 먹고 한 달을 돌봤지만 코피가 멈추지 않았다가 서울의 큰 병원 세 곳을 찾아도 병명을 알지 못했다.

삶이란 그렇게 한 번도 쉽게 풀리는 법 없이 우리를 시험했다. 그러나 그 모든 시간 속에서 나는 아내의 숨소리를 통해 다시 살아야 한다는 마음을 배웠고 나를 내려다보던 그녀의 눈빛

하나로 다시 일어설 수 있었다. 그것이 나에게는 또 하나의 기적이었다.

눈물의 세월

 삶이란 때때로 울컥하는 진실 하나로 뿌리가 흔들리고 그 뿌리가 뽑히는 순간 우리는 세상의 뼈대가 무너지는 소리를 듣게 된다. 아내는 서울에서 부동산 세미나를 들으며 세상과 거래하는 법을 조금 일찍 배웠다가 부동산이라는 차가운 숫자의 세계에서도 그녀는 유연했고 사람을 대하듯 사물과도 교감했다.
 어느 날, 그녀는 내려와 조용히 말했다 "집 보러 가자." 나는 별다른 질문 없이 운전대를 잡았다. 동래 현대 파크 32평 그녀는 처음엔 내 이름으로 한다더니 어느새 자신의 이름으로 등기를 올렸다가 왠지 그 선택이 그녀답다는 생각이 들었다.
 운이 있었는지, 사자마자 1억이 올랐다. 그녀는 한남동의 땅을 평당 4천만 원에 샀고, 대전에선 아들에게 아파트를 증여했다.

아내의 결정 하나하나는 목적 없이 흩어지는 바람이 아니라 묵직한 의지를 품은 깃발처럼 명확했다.
　그렇게 흘러가던 어느 날 그녀는 오래된 차를 보고 "당신 차 바꿔줄게." 하더니 BMW로 바꿔주겠다고 말하고는 다시 서울로 올라갔다.
　그리고 그녀는 내려오지 않았다. 처음엔 감기라 했다. 그러나 그 말이 반복될수록 무언가가 가슴 밑에서 뭉치기 시작했다.

　어느 날 밤, 11시 30분 동영상 통화가 울렸다.
　화면 속 아내의 가슴엔 호수가 꽂혀 있었다. 그녀는 담담히 말했다.
　"자, 봐라 내가 왜 내려가지 못했는지"
　말을 잃었다. 그 충격은 가슴이 아니라 온몸의 혈관을 한꺼번에 얼려버렸다. 아내는 마지막 말을 남기고 전화를 끊었다. 나에게도 아이들에게도 연락하지 말라는 말을 남긴 채, 아내는 사라졌다.
　그날 이후, 나는 한밤중의 파도처럼 내면 깊숙한 곳에서부터 울컥이는 감정에 휩쓸렸다. 딸에게 털어놓았더니 딸은 울음을 삼키며 단호하게 말했다.
　"아빠, 지금부터는 아빠 건강 챙기세요. 쓰러지시면 아무도 도와줄 수 없어요. 마음 다잡고 올라가세요"

나는 딸의 손길처럼 이어지는 말줄임표를 붙잡고 서울로 향했다. 병원에서 의사는 담담하게 말했다.
"좋은 공기, 좋은 음식 드세요"
말끝에 이어진 문장은 칼처럼 예리했다.
"시한부 3개월입니다"
눈물이 줄기처럼 흘렀다. 그동안 살아온 날들이 아내를 위해 해준 게 없었던 기억들이 한꺼번에 뒤엉켜 목울대를 쳤다 운전하다가도, 산책하다가도, 색소폰을 불면서도, 노래방에서조차 울음은 쉼 없이 흘렀다. 문득문득 밀려오는 후회는 바람보다 거세고, 파도보다 깊었다.

나는 오십이 넘도록 손톱 발톱도 자르지 않았고 담배를 아무 데서나 피웠으며 헛기침하면 아내는 설거지하다가도 재떨이를 가져다줬다. 피곤해 누워버리면 그녀는 덥힌 물로 발을 씻기고 얼굴을 닦아주었다. 나는 마치 제왕처럼 살았고 그녀는 고요한 시녀처럼 내 곁을 지켰다. 아내는 딸이 팔던 영양제로 겨우 생명을 유지했다. 의사는 항암 치료를 중단하면 다시는 돌아올 수 없다고 경고했지만 아내는 지쳐 있었다.
딸은 냉정하게 제품을 보내 놓았고 마지못해 아내는 복용했다 놀랍게도 사흘 만에 입과 목 안의 상처가 아물었다.
의사는 그 사실을 듣고 격노했지만 아내는 몰래 복용을 이어갔다. 제품은 비쌌지만 효능은 확실했다. 혈액이 정화되고 새롭게 태어나는 느낌이 들었다.

　서울대 병원 직원들도 그녀를 보기 위해 찾아왔다. 병명은 희귀 백혈병이었다. 하루 120만 원짜리 주사를 맞다, 400만 원짜리 주사로 바뀌었다. 그녀는 지푸라기라도 잡겠다는 심정으로 모든 것을 받아들였다. 나는 나름대로 건강 관리를 하겠다며 딸의 제품을 먹었다. 88킬로였던 몸무게가 한 달 반 만에 69킬로로 줄었고 약도 끊었다.

　하지만 제한된 식단과 외로움에 지쳐 도중에 포기했다. 제품은 약이 아니라 영양제였지만, 나에겐 단단한 의지의 증명이었다.

들풀

 바람이 비를 안고 왔다. 고개를 숙이지 않으려 흔들림으로 버텨보았지만 날카로운 바람의 칼날에 결국 무너져 누워버렸다. 고통은 침묵 속에서 투쟁이 되었고 투쟁은 이내 피멍처럼 가슴에 번졌다. 바람은 어느새 무심히 걷고 빗방울은 천천히 내 가슴을 두드렸다. 물방울이 아니라 살아온 날들의 상처처럼 깊게 스며들었다. 나는 일어설 수 없었다.

 일어나야 할 이유조차 잃은 채, 땅바닥에 납작 엎드린 들풀이 되었다.

 '언젠가'라는 희망조차 바람결에 날아가고 그 자리에 남은 건 끝내 말하지 못한 그리움뿐이었다. 들풀은 그렇게, 바람 아래 눕고, 빗물 위에서 숨죽이며 기억의 풀잎을 삼키고 있었다. 삶은 어쩌면 그런 것이다. 누워 있는 동안에도 바람은 여전히 분다.

그러나 그 바람 속에서도, 언젠가는 다시 일어날 날이 오리라는 믿음 하나로 우리는 버티는 것이다.
'언젠가'라는 희망조차 바람결에 날아가고 그 자리에 남은 건 끝내 말하지 못한 그리움뿐이었다. 들풀은 그렇게 바람 아래 눕고 빗물 위에서 숨죽이며 기억의 풀잎을 삼키고 있었다.

삶은 어쩌면 그런 것이다. 누워 있는 동안에도 바람은 여전히 분다. 그러나 그 바람 속에서도 언젠가는 다시 일어날 날이 오리라는 믿음 하나로 우리는 버티는 것이다.

마지막 안부

삶은 길고 기억은 그보다 깊다.
아내의 병과 함께한 세월은 마치 끝이 없는 어둠 속을 걷는 일이었다. 항암치료는 어느새 여섯 차례나 지나갔고, 수술도 세 번이나 받았지만, 그 수술이 정확히 어떤 것이었는지는 몰랐다. 딸이 조용히 '수술'이라 말하면 나는 그 말을 믿을 수밖에 없었다 병이 몸을 잠식하고 시간이 사람을 지우는 동안 나는 무엇을 할 수 있었을까

그 무렵, 나는 아내를 보기 위해 서울로 올라가려 했다. 그러나 딸은 전화 너머로 조심스레 말했다.
"아빠, 조금만 더 기다려 주세요 지금 엄마는 머리카락도 다 빠지고, 몸에서는 썩은 냄새가 나요. 아빠가 보면 엄마 자존심이 무너져요"

그 말은 가슴 깊은 곳을 후벼 팠다. 내가 보지 못하도록 그녀는 아픔조차 혼자 삼키고 있었다.

　예전, 아내가 친구를 믿고 들었던 보험은 막상 가입할 때는 달콤했지만 실제로 돌아오는 건 배신뿐이었다. 그 뒤로 아내는 보험 설계사의 번호를 차단해 버렸다고 했다. 우리 가족 모두가 들어 있었지만 나는 무심했고 아내는 혼자서 모든 걸 감당했다. 미국에서 공수한 비싼 주사약도 결국 모두 자비로 부담해야 했다가 그렇게 공들여 쌓아 올린 탑은 하나둘 무너져 갔다.

　나는 가끔 생각했다. 그녀의 병은 가게 일 도우며 다친 척추 때문이 아닐까?

　부항을 뜨고 피를 뽑던 그날들 속 오염이 들어갔던 것은 아닐까? 죄책감이 그림자처럼 따라다녔고 그녀도 내게 향하던 분노를 조금씩 내려놓는 듯했다. 그러나 여전히 거리감은 남아 있었다. 아내는 일본에 가보고 싶다고 말했지만, 주치의 담당 의사는 조용히 반대했다

　"당신이 지금 어디 간다고 해도, 이 싸움을 함께한 의사들이 있다. 지금이 가장 중요한 때야"

　그 말은, 자신을 감싸주는 사람들과의 의리를 지키겠다는 선언과 같았다.

결국, 의사들은 말했다.
"우리가 할 수 있는 건 여기까지입니다"
암세포도 백혈구도 함께 죽어간다며 이제는 암과 사이좋게 살아야 한다고 그렇게 시한부 3개월이라는 시간은 10년을 넘어섰다. 보름에 한 번씩 서울대 병원에 들러 검사를 받고 미국에서 공수한 주사를 맞으며 지탱하는 삶 의사들이 주는 약은 모두 영양제였다. 딸이 보내주는 제품이 실제로 그녀의 몸을 지탱하고 있었다.

최근엔 코로나에 걸려 주사도 약도 끊긴 채 고통을 겪었다. 유제품조차 입에 대지 않으며 자연식으로 자신을 다스리는 그녀의 몸은 약해졌지만 여전히 단단했다고 그녀는 말했다.
"나 혼자 해볼게. 당신도 애들도 이제 안 와도 돼 지금 이 삶의 리듬이 무너지면 나는 다시 일어설 수 없어"
그렇게 말하고는 어느 날 병원을 옮겼다가 조용히, 아무 말도 없이 부산에 잠시 머물다가 가도 약 떨어질 무렵이면 서울로 다시 올라갔다.

나는 가끔 속으로 중얼거렸다. 내가 "전생에 죄가 컸으니 그렇지…" 그러며 하루하루를 살아냈다가 착한 형수는 가끔 전화를 걸어 아내의 안부를 물었고, 통화를 마칠 무렵이면 "보고 싶다고 꼭 전해줘"라며 덧붙였다.

그 말은 하늘 위에 닿지 않는 손짓 같았고 아내는 지금 요양병원에 있다.

머나먼 길

어떻게 인연을 맺었던가?
아물아물한 기억 속에
옛날식 다방에 앉아 맞선을 봤지
동백섬 인어 동상 앞에서
앞서가던 여인의 모습이
키 작고 목이 하얀 여인
함께 가자 했던 먼 길을
어느새 반세기가 돌았네
키는 더 작아졌고 목엔 주름만 늘었네
멀어도 함께라면 했던 길
가다 쉬고 싶을 때 그늘이 되고 싶었고
당신을 위해 서늘한 바람이
되고 싶었던 나
이제 함께 가자, 하던 그 길
안개에 가려 앞이 보이지 않네
길 잃어 주저앉아 우는 당신
어긋난 운명이 앞을 가렸네
미안하네!
용서하게
나도 가던 그 길을 잃어버렸네!

딸과의 대화

    요즘 나는 딸과 함께 한의원에 다닌다. 침을 맞기 위해서 다 딸이 운전하는 차를 타고 함께 가서 침을 맞고 다시 함께 돌아온다.
    그 짧은 시간의 동행은 단순한 병원 방문이 아니라 부녀가 나누는 작은 의식 같은 것이 되어버렸다. 차 안은 우리만의 대화가 피어나는 공간이 된다. 마치 고요한 우주 속에서 서로의 마음을 주고받는 별빛의 언어처럼

    어느 날, 딸이 조심스럽게 말을 건넸다. 엄마에게서 전화가 왔다며 오늘은 무척 부드러운 목소리였다고 그 말을 듣는 순간 마음 한편이 따스하게 데워졌다. 얼마나 오랜만에 듣는 아내의 부드러운 음성인가 아내는 오월 초에 내려온다고 했다. 늘 그렇듯, 그녀는 자식들 입을 빌려 소식을 전한다.

직접 말하지 않고 에둘러 말하는 것이 그녀의 방식이다.
속을 드러내는 것이 익숙하지 않은 사람, 그러나 그 안에 담긴 사랑은 누구보다도 깊은 사람 딸은 그걸 안다.
　아빠의 서운한 마음을 읽고는 말한다.
　"엄마는 아빠 사랑해요 표현을 안 해서 그렇지"
나는 아내의 고통을 다 알지 못한다. 그저 괜찮냐고 물었을 뿐인데 그녀는 스트레스를 받는다고 했다. 그 후로 나는 다시 묻지 않았다. 아내가 문을 닫은 자리 앞에서 나는 조용히 입을 다물었다.

　그러던 어느 날, 딸과 차를 타고 돌아오며 아내 이야기를 꺼냈다. 딸은 말했다
　"엄마가 화내도 그냥 넘겨요. 받아치지 말고," 그 말은 마치 오래된 편지를 풀어내듯, 조심스레 열리는 마음의 문 같았다.
　딸은 이어서 엄마의 지난 시간을 꺼냈다.
그녀는 같은 병실에서, 같은 병명으로 고통을 나누었던 사람들과 기수로 묶여 있었다고 했다.
　스무 명, 함께 만든 작은 카톡방에서 서로에게 정보를 주고받고 안부를 물었다. 하지만 하나씩, 둘씩 그 방에서 이름이 사라졌다. 누구도 이유를 묻지 않았다.

그것은 슬픔을 아는 자들끼리의 불문율이었다. 그저 조용히 가슴으로 울음을 삼키며 이름 하나씩 보내야 했던 시간 그렇게 모두가 떠나고 아내만 남았다. 마지막까지 남아있던 언니 같은 사람도 이제는 없다.

아내는 끝까지 버텼지만 그녀마저 떠난 지금은 혼자 남은 바위처럼 조용히 시간을 견딘다. 한때 회한점을 두고 웃으며 나누던 사람들도 사라지고, 지금은 그 기억만이 밥상 위를 맴돈다. 유제품도 먹지 않고 자연식으로 몸을 지키는 아내의 식탁은 검소하고 투명하다.

서울로 올라간 뒤, 그녀가 남긴 율무와 현미로 나는 밥을 지었다. 거칠고 투박한 곡물은 마치 굵은 모래를 씹는 듯했지만 나는 그것을 꾸역꾸역 넘겼다.

아내의 고통이 그런 것이었으리라 한 숟가락마다 그녀의 절제가 느껴졌다가 먹는 동안 눈시울이 붉어졌다.

나는 딸에게 말했다.

"가진 건 없지만, 지금 가진 것이라도 다 팔아 엄마가 편히 살게 하면 안 될지…"

딸은 대답한다.

엄마는 부산이 싫다고 했고, 서울이 꿈이라고 했다고 지금 서울집에 살면 되지 않느냐고 내 말에 딸은 그 집세를 줬고, 재건축에 들어간다고 했다.

나는 조용히 말했다.

"엄마를 설득해 봐 이제 얼마나 더 살겠느냐 그 시간이라도 편하게 살아야지"

사실, 아내는 강한 사람이다 항암 2차를 받을 때 의사조차 혀를 내둘렀다고 했다 6차까지 받았고 골수는 가족과 맞지 않아 스스로 자신의 몸에서 채취해 이식했다.

그 고통은 말로 다할 수 없었다. 가슴에 구멍을 뚫고 파이프를 꽂아야 했고, 상처가 아물기도 전에 또 주입을 반복해야 했다. 아내는 그것이 다시는 겪고 싶지 않은 고통이었다고 했다. 지금은 한 달에 한 번, 미국에서 공수해 오는 약으로 겨우 지탱한다. 하루에 한 번씩 먹는 약과 한달에 한 번씩 주사 그 모든 것이 그녀의 삶을 붙잡고 있는 실오라기다.

나는 아내가 어쩌다 내려와도 특별한 말을 하지 않는다. 사람들은 잘해주라고 말하지만 나는 무엇을 해줄 수 있을지 모른다. 그저 딸과 사위, 손녀가 함께 와주는 것만으로도 고맙다. 맛집에 가고 온천에 다녀와도, 나는 일절 관여하지 않는다고 대신 속으로 조용히 말한다.

얼굴 보여줘서 고맙다고 목소리 들려줘서 고맙다고 맘대로 다녀서 고맙다고 나는 경상도 사나이답게 말에 서툴다. 그래서 이렇게 글로 남긴다. 나도 당신에게 그리고 우리 가족에게 감사하다고 사랑하며 살자며 다짐해 본다.

아내와 산길에서 부르는 노래

우리는 오랫동안 함께 산을 올랐다. 산악회에 가입해 사람들과 어울려 다니며 때로는 빠르게 때로는 경쟁하듯 산을 타기도 했다. 늘 여럿이 함께하는 산행은 북적이고 분주했다.

그런데 어느 날, 아내가 조용히 말했다.

"오늘은 우리 둘만 가요"

그 말은 마치, 오래 잠겨 있던 창문을 열어주는 한 줄기 바람 같았다. 나는 주저할 이유가 없었다.

그녀의 제안에 고개를 끄덕이며, 오랜만에 조용한 둘만의 시간을 걷기로 했다. 우리가 선택한 산은 금정산이었다. 금강원에서 시작된 오름길은 바위와 돌계단이 이어진 숨을 다잡아야 할 만큼 가파른 길이었다.

하지만 그날의 걸음은 조금 달랐다.

오늘은 목적지에 도달하기 위한 산행이 아니라 함께 걷는 것 자체가 목적이었다. 누가 뒤에서 재촉하는 것도 없었고 앞에서 방향을 이끄는 이도 없었다. 마치 시간이 잠시 멈춘 듯 우리는 오래전 걸었던 길을 다시 처음처럼 느끼며 천천히 걷기 시작했다.

걷다 보니 말이 자연스레 흘러나왔다. 오래 함께했지만 평소에는 하지 않았던 사소한 이야기들이 돌멩이처럼 툭툭 굴러 나왔다. 아이들 이야기도 오갔고 무심코 흘려보낸 옛 시절도 소환되었다.

어느 순간, 발길이 멈춘 곳에 이름 모를 들꽃이 피어 있었다. 작고 여린 그 꽃은 우리 사이에 조용히 피어난 기쁨처럼 느껴졌다. 우리는 핸드폰을 꺼내 그 꽃을 찍었고, 말없이 다시 걷기 시작했다. 산길을 오르다 만난 작은 절, 그 조용한 대웅전 앞에 우리는 나란히 앉았다. 나무 바닥에 무릎을 꿇고, 이마를 바닥에 대며 묵묵히 절을 올렸다 말로 다 하지 못한 감사를 조용한 동작에 담아 부처님께 바쳤다.

절 뒤편에는 세월이 새겨놓은 듯한 바위 속 부처의 형상이 남아 있었다. 햇살은 그 자취를 조심스럽게 어루만졌고, 우리는 한참을 그 곁에 머물렀다 그곳에는 시간이 멈춘 듯한 평화가 있었다. 능선에 올랐을 때 도시가 눈 아래 펼쳐졌다. 수많은 회색 건물이 줄지어 서 있었고 그 속 어딘가에 우리의 집도 있을 터였다.

 나는 도시를 향해 손가락을 뻗었고 아내는 그 방향을 따라 고개를 끄덕였다. 빽빽한 무늬처럼 겹친 건물들 속 어딘가 우리가 웃고 울며 살아온 작은 공간이 존재하고 있었다. 바위 위에 걸터앉아 커피를 마시며 도시를 바라보았다.

 바람은 지나간 세월처럼 조용히 불어왔고 나는 무심코 아내를 불렀다.

 "미정아"

 하지만 그건 아내의 이름이 아니라 큰아이의 이름이었다. 나도 모르게 나온 말에 아내가 웃었다. 그녀의 웃음 속엔 짐작과 이해, 그리고 깊은 온기가 담겨 있었다.

 "그동안 고생 많았어 나 따라오느라"

 그녀의 말에 나는 고개를 저으며 말했다.

 "고생은 당신이 했지 나는 늘 앞만 보고 달리기만 했잖아"

 우리는 서로를 바라보며 조용히 미소 지었다. 말은 짧았지만, 마음은 오래 그 자리에 머물렀다. 아이들 이야기는 그렇게 자연스레 이어졌다. 큰애는 장난감 하나 없이 컸고, 고기 한번 배부르게 먹지 못한 적도 많았다. 그럼에도 아이들은 단 한 번도 불만을 말하지 않았다.

투정조차 없는 아이들 덕분에 우리는 스스로를 덜 자책하며 살아올 수 있었다.

내가 웃으며 말했다.

"얘들은 돈가스밖에 기억 못 하더라"

그 말에 아내는 소리 내어 웃었고 그 웃음은 마치 따뜻한 아지랑이처럼 피어올라 우리의 커피잔 위에 살포시 내려앉았다.

그 순간 나는 깨달았다. 지금 우리 곁에 있는 이 평화가 얼마나 귀하고 눈물겹도록 소중한 것인지를 나는 늘 밖을 향해 달려갔고 사회 속 경쟁에 휘말려 살아왔다.

그런 나를 언제나 기다려준 건 아내였다. 그녀는 나의 닻이었고, 내가 떠내려가지 않도록 붙잡아주는 단단한 손이었다.

그래서 나는 속으로 조용히 물었다.

"아내 없이, 나는 지금 여기에 있을 수 있었을까?"

도시를 내려다보며, 우리는 살아온 세월을 되짚었다. 수많은 건물 사이, 우리의 삶은 작고 소박한 이야기로 이어져 있었고 오늘 이 산길은 그 지난 시간을 하나하나 펼쳐보는 앨범 같았다. 등 뒤로 쌓인 그림자가 더는 무겁지 않았고, 우리는 산길을 따라 천천히 내려왔다.

하산길, 아내가 환하게 말했다.

"와, 오늘 산악회 안따라가서 돈 벌었다"

나는 웃으며 물었다.

"그 돈으로 뭐할까?"

아내는 잠시 생각하더니 장난기 가득한 목소리로 말했다.

"온천장 갈까? 가족탕?"

나는 "가자."고 답했지만, 그녀는 금세 손사래를 쳤다.

"됐네요 그냥 집에 가서 샤워하면 돼요"

그 말이 어찌나 정겹던지, 괜히 웃음이 났다. 우리는 시장길로 접어들었다. 아내는 반찬거리를 고르기 위해 두리번거렸다. 그 모습은 어쩐지 예뻐 보였다.

마치 오래된 그림 속 사람처럼 익숙하면서도 새로웠다. 나는 다시 한번 말했다.

"그래도 목욕하고 갈까?"

그녀는 여전히 "됐다니까"라며 웃었다.

그때, 아내의 핸드폰이 울렸다.

"엄마, 어디야?"

아들의 목소리가 수화기 너머로 들려왔다.

아내는 환한 목소리로 대답했다.

"응, 집에 왔어? 너희 아빠하고 시장 보고 집에 갈 거야 기다려"

그 말은 그 자체로 노래 같았다. 나는 아내를 바라보았다. 그 얼굴에는 피로 대신 기쁨이 머물러 있었다.

아내가 흥얼거리는 콧노래가 내 귓가에 번져왔다. 그 소리는 단순한 음률이 아니었다. 그건 우리가 함께 걸어온 인생의 멜로디였고 산길을 따라 흐르던 우리 부부의 조용한 합창이었다.

등산화

산을 좋아하기 시작하면서
아내와 함께 산을 타기 시작했다
서로 처음 산에 대해 무지한이니 공부해야 했다
처음에는 무조건 산에만 가면 되는 줄 알았다
산에 대해 알게 된 계기가 있었다.
지인 산악회 따라가서 죽을 뻔했다
문경새재 신선 마패봉 가서 혼이냐고 나서
산에 대해 공부를 했다
산에 가면서 물 비상시 먹을 거 야후를 부르지 말 것
산짐승들 놀라 뛰다가 다칠 수도 있음
청바지는 입고 산행하면 안 된다는 것

비나 땀에 젖으면 바지가 무겁다는 것
배낭은 꼭 있어야 한다는 것
윗도리 옷은 걸치면 안 되고 배낭에 넣고 다니라는 것
산에 오르는 건 자기와 싸움이라는 것
그 후로 산에 가도 지도를 인터넷에서 찾아서 다녔다
둘 다 초짜니
오르막 오르고 하니 아내와 나는 힘들어했다
아내는 등산화도 없이 산을 따라다녔다
등산화 사야 된다 해도 돈 아까워
굽 있는 신발 신고 다녔다

어느 일요일 우리 집 뒤에
낮고 시원한 숲이 우거진 산을 둘이서 갔다
아내가 앞서가고 내가 뒤따라 갔다
가다 삐걱하는 것이다

굽이 떨어져 나갔다
'이런' 하며 신발을 이리저리 둘러보니
굽 떨어진 밑창에는 종이가 붙어 있었다가 돌아가지도
바로 가지도 못해 산길 중간에 주저앉아 신발 고치려 힘
을 쓰고 있었다

그때 모르는 등산객 몇 명이 길 좀 비켜 주시겠어요? 한다
그 순간 나는 창피해서 아내를 모르는 사람처럼 나도 조금 비
켜주시느냐고 하니 아내는 멀거니 나를 고개 들어 쳐다보고
비켜준다
혼자 걸어가면서 뒤에 모르고 따라오는 사람들 보내고 나 혼
자 한참 기다렸다
저쪽에서 걸어 오는 거 보니 고쳤나 싶어 보니 신발 끈으로
묶어 오는 것이다
산에 가려면 등산화는 신어야 다치지 않는다고
제발 등산화 구입하라고 사정했다
그리해도 아내는 사지 않더니 어느 날 제법 큰 마트 마당에서
마이크로 `자 발이 맞는 사람은 등산화 9,000원 하는 것이다.

 우리 부부는 등산화하는 바람에 가보니
사람들 모두 발이 안 들어갔다
아내 발에는 완전 똑소리 나도록 기가 차 게 맞았다
아내 발은 작은 인형 같은 발이다

그 후로 아내와 다니고 산악회 따라다니고
신발의 중요성을 알고 나니
비싼 이탈리아제 등산화를 신고 다녔는데
아직 신발이 닳지도 않은 깨끗한 신발이
신발장에 잠들고 있다.

나도 어느 날 신발장에서 등산화를 뒷산이라도 갈까 싶어 꺼내
니 위에는 깨끗한데 밑창은 신지를 않아서 그런가?
다 녹아떨어져 버렸다

한 번씩 지난날을 생각하며
아내와 걷던 능선길 추억이 되어버렸다

아내가 왔다

  문득 딸아이에게서 전화가 왔다.
"아빠, 엄마 내려오신대요 청소 좀 해놔요"
  무심한 말투, 그런데 이상했다. 저번에는 도우미 아주머니 불러 정리하라고 했던 아이가 이번엔 굳이 나더러 손수 하라 했다. 그 말이 마음 어딘가를 툭 건드렸다.
  나는 고요히 일어섰다. 아무도 건드리지 않았던 책장과 손이 닿지 않았던 창틀 그리고 주방 한구석에서 늙어가던 조용한 고독까지 쓸어냈다. 세월이라는 이름의 먼지는 생각보다 무거웠다. 혼자였던 시간은 삶의 틈새를 더럽히고 있었고 나는 그 자리를 하나하나 문질러 닦으며 오래된 홀아비 냄새를 지웠다.
  가끔은 물보다 눈물이 더 닦이는 것 같았고, 어느 순간은 내가 방을 청소하는 게 아니라 나 자신을 다시 닦아내고 있는 것처럼 느껴졌다. 그리고 아내가 집으로 내려왔다.

　사위가 공손히 마중을 나가 있었고 딸은 분주했다. 손녀는 종알종알 떠드는 입술로 집안의 공기를 흔들었다.

　세상이 다시 돌아가는 것 같았다. 웃음이 공처럼 튀고 기쁨이 벽에 부딪혀 울렸다. 집이라는 낱말이 '공간'이 아닌 '사람'임을, 나는 그제야 다시 배웠다.

　아내는 가정의 달이 되었고 손녀가 보고 싶다며 내려왔다고 했다. 연휴가 끝나면 다시 올라간다고 했다. 마치 머물 틈 없이 스쳐 가는 봄꽃처럼 몇 년 만에 잠깐 들러놓은 이 작은 방문이 나에게는 하나의 계절처럼 느껴졌다.

　'계절은 이렇게 돌아오기도 하는구나'

　그동안 나는 퇴근 후 늘 어두운 현관문 앞에 서 있었다. 낡은 슬리퍼가 나를 반겨주는 유일한 친구였고 키를 돌리는 손끝에서 외로움이 먼저 들어왔다. 집은 벽과 천장이 아니라 침묵이 흘러내리는 골방이었다. 저녁이 되면 방 한편에 불을 켜두고 조용히 몸을 누였다.
그 불빛은 누군가에게는 삶이었겠지만 나에게는 작은 저항이었다. 살아 있다는 증거였다.

　아내가 오고 나서 집 안이 밝아졌다. 단순히 전등을 켠 것이 아니었다. 공간에 온기가 돌았다. 고요했던 시간이 비명을 지르듯 소리를 내기 시작했고 소리의 잔향이 심장 속으로 밀려들었다. 집이라는 말 안에 담긴 '함께'라는 의미가 맥박처럼 되살아났다. 가슴뼈 안에 묻어두었던 감정들이 부풀었다.
 아아, 나는 깨달았다. 이것이 바로 내가 잊고 살았던 세상살이였구나.

 그날 나는 집 안 구석구석을 정리하며 오래된 친구들을 떠나보냈다. 먼지처럼 눌어붙은 적막을 창문 밖으로 몰아냈고 베란다 문을 활짝 열어 서로 다른 방향에서 불어오는 바람을 맞부딪치게 했다. 삶은 그렇게 조금씩 움직였다. 조용했던 집이 다시 살아나는 소리가 들렸다.
 식구들이 들어왔다. 예전 그 기운 그 활기가 다시 공기를 채웠다. 딸은 엄마 아빠를 데리고 한의원에 가자 했다. 나란히 앉아 침을 맞으며, 우리는 대화했다 말보다 기억이 오갔고 침묵보다 더 많은 감정이 흐르는 자리였다. 치료를 마치고 나와서 딸과 나눈 말이 아내의 귀에 거슬렸는지 그녀가 잔소리를 시작했다. 그런데 이상하게도 그 소리가 정겹게 들렸다. 낡은 피아노를 다시 조율해 연주하듯 그 잔소리는 추억을 건드리는 음계였다.

 마트에 들어가 이런저런 물건을 고르고 각자 먹고 싶은 걸 담는다.

손녀는 손녀대로, 딸은 딸대로, 나는 나대로, 아내는 늘 그렇듯 비싼 걸 집어 든다.
　내가 한 마디 던진다.
　"그럼, 다시 갖다 놓을까?"
　아내는 대답이 없다. 나는 속으로 되뇐다. 잔소리 듣게 해줘서 고맙다고 함께 장을 보는 이 평범한 시간이 너무도 오래전 기억이라 그것만으로도 눈시울이 따뜻해진다.

　밤이 깊었다. 아내는 부엌에서 밥을 짓는다. 된장국 냄새가 거실을 감싸고 그 냄새가 기억을 꺼낸다.
　한참 전, 우리가 나란히 앉아 밥을 먹던 그 식탁 그 아침들 아내가 끓인 국물 속에는 말보다 깊은 사랑이 배어 있었다. 나는 슬쩍 아내의 얼굴을 본다. 예전처럼 맑지는 않았다. 세월이 흐른 만큼 그녀의 눈빛도, 피부도 많은 것을 품고 있었다. 우리 사이엔 말이 없다.대신 딸이 묻는 말에 내가 대답한다 말은 적지만, 마음은 많았다.
　그동안의 세월은 우리를 낯설게 만들었다. 몸은 익숙하지만 마음은 아직도 조심스럽다. 나는 속으로 되뇐다.
　'미안하다, 정말 미안해'
　따뜻한 말 한마디 못 건넨 시간이 죄처럼 떠오른다.

그 긴 세월, 나는 능력 없는 가장으로 당신의 등 뒤에 숨어 울었고, 당신은 아무 말 없이 이를 악물며 더 깊이 울었다. 당신의 어깨 위로 흐르던 눈물의 무게를, 나는 이제야 느낀다. 그리고 이제야 말한다. 사랑이란 말을 40년 동안 꺼내지 못했다.
그게 부끄러웠다.
그게 미안했다.
이제야, 겨우 이제야, 마음이 뛴다.
다시 살아난 집 그 중심에 당신이 서 있다.

잃어버린 것에 대하여

    어느 날 밤, 나는 책장 앞에서 멍하니 서 있었다.
    잊고 지낸 낱말처럼 꽂혀 있는 책들 사이 손끝이 오래된 친구처럼 반가이 머문 곳이 있었다. 별생각 없이 꺼낸 책 한 권 그 제목은 '최백호 산문집'이었다. 삶의 굴곡을 노래로 읊조리던 그이의 글이라니 밤의 고요 속에서 낡은 나무의 숨소리를 듣는 기분이었다.
    책장을 넘기니 마치 오래전 만났던 길모퉁이의 냄새처럼 익숙한 문장이 눈에 들어왔다. 어디까지 읽었는지 모르지만 손때가 묻은 페이지가 나를 반겼다. 그 자리에서 책을 덮지 못하고 나는 시간의 안개 속으로 걸어 들어갔다. 글 속의 그가 자신의 낭만을 잃어버렸다고 말하는 순간 나의 오래된 낭만도 희미한 윤곽을 드러냈다.

내 기억의 초입은 국민학교 시절, 바싹 마른 흙냄새가 코끝을 스치던 계절에서 시작된다. 자습이라는 말이 나오면 교실은 무대가 되었고 나는 이야기꾼이 되었다.

삼국지의 인물들이 살아 움직였고 철훈은 장비가 되었으며 반장은 유비가 되었다. 나는 아무런 책 없이 아무도 전해준 적 없는 전쟁 이야기를 술술 풀어냈다.

그 어린 머릿속에선 어디서 그런 이야기들이 샘솟았는지 지금도 나는 풀지 못한 수수께끼 앞에 서 있다.

얼마 전, 친구 딸의 약혼식에서 만난 동창이 내게 말했다.
"야, 너는 예전에도 얘들 모아놓고 이야기 풀어주는 거밖에 기억 안 나더라"

그 말에 나는 웃었지만, 마음 한편으로는 작고 반짝이던 나의 재능 하나가 떠올랐다. 나는 늘 까불었다. 그러나 그 까불거림 속엔 웃음의 무늬와 슬픔의 그림자가 함께 섞여 있었다.

상급학교로 올라가며 나는 응원단장이 되었다. 친구들의 웃음소리를 모아 응원가처럼 퍼뜨렸지만 내 속엔 언제나 낙엽의 냄새가 맴돌았다. 가을은 언제나 내 안의 낭만을 흔들어 깨웠다. 바람이 지나간 자리마다 울컥거리는 마음이 자라났고 나는 그 울림에 스스로를 맡겼다.

젊은 날, 나는 일본 소설책을 겨드랑이에 끼고 시집 한 권을 손에 쥐었다. 그 모습이 멋을 부리려는 허세였는지 아니면 외로움을 무장 해제시키기 위한 장치였는지는 이제 모른다. 다만 친구들과 나눴던 그 '재미없는 멋' 속에 나는 묘한 위로를 느꼈다.

열한 살 무렵, 서울로 향하는 열차 안에서 나는 누나의 뒷모습을 보며 글을 썼다. 서울대에 유학한 큰형을 따라가며 누나와 함께한 여정이었다. 서울역에서 손을 흔들며 눈물짓던 누나의 모습을 나는 조용히 글로 새겼다.

그것은 백일장에 응모되었고, 선생님은 내게 이렇게 말씀하셨다.

"경환아, 너처럼 조그만 아이가 어떻게 이런 글을 쓰니? 감동이야"

그 글은 몇 달 동안 학교 게시판에서 내려오지 않았다. 누군가의 칭찬이 인생의 방향을 바꾸기도 하는 법인데 나는 그날의 말을 아직도 기억한다. 무언가를 씻어내고, 나는 그 자리에 비로소 서 있게 된다. 슬픔은 언제부터인가 나의 낭만이 되었다. 잃어버린 것들이 너무 많아 그 무게에 주저앉고 싶었던 날들이 있었지만 그 기억들은 모두 시간이 만든 노래가 되었다. 나는 아직도 잊지 못한 과거의 향기들을 안고 오늘을 걷는다.

까불거리는 어린 나, 책을 읽고 울던 청년, 손을 흔들던 누나, 글을 칭찬해 주시던 선생님 그들은 모두 내가 놓치고 싶지 않았던 풍경들이다.

이따금, 밤하늘을 올려다보며 나는 묻는다.
"나는 무엇을 잃고 무엇을 얻었는가?"
잃은 것들은 바닷물처럼 흘러갔지만, 그 잔물결은 내 마음 한편에 여전히 출렁인다.
그 물결이 슬픔을 끌고 오기도 하고 때로는 잔잔한 미소를 데려오기도 한다. 눈물이 있는 슬픔 그것이 바로 나의 낭만이었다.
이제 나는 안다. 잃어버린 것들이 가르쳐준 삶의 무늬를 그 무늬는 잊히지 않는 노래처럼 내 가슴 깊이 새겨져 있다.

손녀

봄날의 햇살처럼 따스한 손녀 보민이는 내 인생의 작은 별이다. 그 별은 매일 조금씩 더 밝게 빛난다.

한때는 막 피어난 새싹처럼 어설펐지만, 요즘은 햇빛을 닮은 웃음으로 집 안 구석구석을 환하게 채운다. 보민이는 내게 단순한 가족이 아니다. 그녀는 시간을 되돌리는 마법이자 하루의 피곤함을 지워주는 향기다.

TV 속 아이돌처럼 깡충깡충 따라 추는 춤사위는 그 어떤 공연보다도 황홀하다. 그녀는 늘 말한다.

"할아버지, 보세요!"

그러면 나는 마치 명 MC라도 된 듯, "그래! 우리 손녀는 연예인 해야겠네 가수 할래?" 하며 무대를 빛내주는 응원의 멘트를 던진다.

그 말에 그녀는 수줍은 듯 웃지만 부끄러움 없이 몸을 흔든다.

나는 안다. 그 웃음과 몸짓은 내게 주는 세상에서 가장 순수한 선물이다. 하지만 그 미소 뒤로 나는 문득문득 다른 걱정을 한다.

'요즘 책은 좀 읽으려나?'

공부가 아니어도 좋다. 동화책이든, 만화책이든 활자의 세계와 가까워지길 바라는 마음에서 나는 자연스레 잔소리 아닌 잔소리를 한다. 어쩌면 내 마음속에는 보민이의 미래를 위한 조그만 사다리를 놓아주고 싶은 소망이 담긴 걸지도 모른다.

그러나 그 말들이 아이의 마음에는 작은 파문이 되었나 보다 딸이 어느 날 조심스레 말한다.

"아빠, 보민이가 할아버지가 책 보라 하거나 공부하라 해서 스트레스를 받는대요"

그 말을 듣고 나는 멈칫했다. 나의 사랑이 그녀에게는 무게로 다가갔을까 순수한 기대가 가시가 되어 그녀의 마음에 상처를 낸 것은 아니었을까

아내도 한마디 덧붙인다.

"얘한테 그런 얘기하지 마 손녀는 그냥 사랑받고 싶어 하는 아이야" 순간 나는 아이 앞에 어른이라는 무게를 내려놓았다.

사랑은 때론 말보다 침묵이고 기대보다는 믿음이라는 걸 새삼 느낀다. 보민이는 그런 나를 늘 사랑으로 품는다. 가게에 오든, 집에 오든, 나를 보자마자 꼭 껴안고 얼굴이며 입술에 입을 맞춘다.

"할아버지 사랑해!"라는 그 말은 내 마음에 봄비처럼 스민다 나도 장난스레 묻는다.

"할아버지 좋아, 할머니 좋아?"

그럴 땐 혼자 있을 땐 망설임 없이 "할아버지!"라며 외치지만 둘 다 함께 있을 땐 잠시 망설이다 모깃소리로 "할머니…"라고 말한다.

어느 날은 내가 삐친 척 등을 돌렸다. 그러자 한참 후에 보민이가 다가와 조심스럽게 내 목을 껴안고 속삭인다.

"할아버지가 더 좋은데, 할머니 속상해하니까…"

나는 속으로 웃었다. 이 작은 아이가 벌써 사람 마음을 다 안다. 여우 같은 속 깊은 말 한마디에 나는 무장 해제된다 사랑은 가끔 그렇게, 유치한 질투 끝에 피어나는 꽃이다.

사월 초파일, 온 가족이 절에 갔다 붐비는 인파 속에서도 보민이는 내 눈에만 크게 보였다. 대웅전 안으로 아내와 딸을 따라 들어가 시주를 하고 절을 한다. 어디서 가져왔는지 모를 돈을 꺼내 절하며 두 손을 모으는 모습이 마치 고운 연꽃 같았다.

신비롭고 경건한 그 순간, 나는 그녀의 작고 앳된 어깨 위에 조상의 숨결이 내려앉는 것만 같았다. 절 비빔밥을 함께 나눠 먹고 아내는 공양간에서 쉴 새 없이 그릇을 닦았다. 나는 뒷산으로 향했다. 사람들 틈을 피해 조용히 걸음을 옮기려는데 뒤를 돌아보니 보민이가 나를 따라오고 있었다.

오르막길에 숨이 차오르는 나와 달리 그녀는 마치 바람이라도 탄 듯 뛰어다녔다.

나는 그 모습에서 삶의 에너지를 젊음의 순수를 보았다. 박물관에 도착해서도 보민이는 진지했다. 유물 하나하나를 바라보며 설명서를 꼼꼼히 읽었다.

"할아버지, 이거 옛날 조상님들이 쓰던 거예요? 너무 신기해요!"

사진도 찍고 나를 보며 신나게 이야기한다. 나는 그저 바라본다 귀엽다, 예쁘다를 넘어서 대견하다는 말이 절로 나왔다.

내려오는 길, 나는 장난스레 말했다.

"우리 보민이 시집가려면 아직 20년은 남았네 그때까지 할아버지 살아 있을까? 용돈도 얻어야 하는데"

그러자 그녀는 걸음을 멈추었다. 그리고는 갑자기 눈물을 뚝뚝 흘렸다. 맑고 투명한 두 눈에서 흐르는 눈물은 잔잔한 호수에 떨어진 빗방울처럼 내 마음을 흔들었다.

"여행도 보내드릴 거고, 맛있는 것도 사드릴 거고, 용돈도 많이 줄 거예요 그러니까 할아버지 오래 살아야 해요"

그 말에 나는 모든 세상의 꽃들이 다 내 앞에 핀 듯한 감동을 했다 나는 그저 그녀를 안았다.

"그래, 고맙다 우리 아기"

사랑은 말이 아니라 존재 그 자체로 완성된다. 보민이는 내가 살아가는 이유이자, 오늘도 숨 쉬는 의미다. 나는 오래 살고 싶다. 그녀가 어른이 되어 내 손을 이끌어 줄 그날까지 그리고 언젠가 내가 이 세상을 떠나더라도, 그녀의 마음속에서 영원히 살아 숨 쉬고 싶다.

일본 여행

삶의 여정은 종종 예상치 못한 선물처럼 다가온다.
어느 날, 딸이 조심스레 내게 말을 건넸다.
"아빠, 며칠 후면 환갑이에요. 뭐 하고 싶으세요?" 나는 늘 그랬듯, 바람이 없는 사람처럼 대답했다.
"없다" 욕심이 없는 것이 아니라 이제는 무엇이 나를 기쁘게 하는지조차 잊어버린 나이였기 때문이다.
하지만 딸은 내 침묵 속에 담긴 무언가를 읽었던 듯하다.
이틀날, 그녀는 말했다.
"내일 구청 가세요 여권 만들어요"
그렇게 인생의 여백처럼 찾아온 여행은 말 없는 환갑 잔치가 되어 나를 일본으로 이끌었다. 딸과 사위, 손녀, 그리고 아내 가족이라는 작은 세계가 나와 함께 김해공항에서 날아올랐다.

아들은 멀리 베트남에서 근무 중이었기에 함께하지 못한 빈 자리를 우리는 마음으로 품고 떠났다.

처음 목적지는 베트남이었다. 아들의 나라를 밟고 싶었지만 일정이 어긋났다. 그곳에서조차 그는 근무 중이라 우리와 시간을 맞추기 어려웠다.

그렇게 여행의 방향은 틀어졌고 우리는 '바다의 숨결이 담긴 섬' 오키나와로 향했다. 그곳은 마치 바다에 떠 있는 꿈 같았다. 낯선 땅에서 우리는 언어의 벽을 손짓과 웃음으로 넘었다.

렌터카 사무소 앞에서 나는 마치 연극 무대의 배우처럼 제스처로 말을 대신했다. 호텔도 길도 모든 것이 서툴렀지만 자유는 늘 불편함 속에 숨어 있음을 알았다.

그 시절엔 여행 앱도 없었기에 우리는 온몸으로 지도를 읽고 감각으로 길을 익혔다.

첫날, 내가 운전대를 잡았다 무심코 핸들을 꺾었는데 도로의 흐름이 우리나라와 반대였다. 나는 아무 생각 없이 한국식으로 도로를 달렸다. 멀리서 다가오는 차들 하나둘씩 멈춰 섰다. 위협적인 경적도 없었고 손가락질도 없었다. 그들은 경계하듯 그러나 인내심 있게 나를 지켜보았다. 내가 차선을 바로잡자, 그들도 천천히 흐름을 되살렸다. 마치 내가 실수를 통해 무엇인가를 배우길 기다리는 듯했다.

그 거리들은 유리알처럼 맑았고 차들은 조용히 미끄러지듯 다녔다. 커다란 외제 차는 보이지 않았다. 일본인들은 자신들의 기술과 전통을 자랑스럽게 여기는 듯했다.

'굳이 수입차를 타야 할 이유가 없다'는 그들의 무언의 철학이 거리를 가득 채우고 있었다.

나라를 사랑하는 방식은 그렇게 묵묵할 수도 있다는 것을 나는 그때 처음 배웠다. 우리는 호텔 근처의 초밥집을 찾았다 문을 열자, 벽면은 한국 야구의 전당 같았다. 선수들의 사진과 사인이 가득했고 마치 우리가 아닌 그들이 손님을 맞이하는 느낌이었다. 그러나 진짜 주인공은 따로 있었다. 그것은 접시에 담긴 초밥이었다. 혀끝에 닿는 순간, 생선의 향과 쌀의 촉감이 마치 오래전 잃어버린 기억처럼 나를 울렸.

그날 먹은 초밥은 단순한 음식이 아니라 입안에서 시처럼 녹아내리는 감동이었다.

아내는 원래 초밥을 좋아하지 않았다 그래서 우리와 함께 초밥집에 들어오지 않았고 도시락을 챙겼다. 우리는 숙소로 돌아와 도시락을 열었고 나는 조심스럽게 말했다.

"한 입만 먹어봐요"

처음엔 망설이더니 맛을 본 순간 그녀의 표정이 달라졌다.

결국 초밥 몇 개를 더 집어 들었고 "왜 이렇게 맛있지?" 하고 말했다.

초밥 한 점이 그녀의 취향을 바꾸는 마법이 되었다. 그 후로 나는 그 맛의 정체를 찾아 헤맸다. 친구들에게 물어도 누구도 정확한 답을 주지 못했다. 시간이 흘렀고 그 맛은 머릿속에서 사라지지 않았다.

그러던 어느 날, 한국을 여행 중이던 재일교포를 만났다. 나는 그에게 물었다.

"왜 일본 초밥은 그렇게 맛있을까요?"

그는 짧게 대답했다.

"쌀이 좋아서 그래요."

벼 한 알에도 땅의 기억이 깃들어 있다. 대륙에서 자란 벼와 섬에서 자란 벼, 그 차이가 혀끝의 예술을 만든다는 것이다. 그 말에 나는 고개를 끄덕였지만 마음속에는 여전히 작은 궁금증이 남았다. 같은 하늘 아래 자란 쌀인데 어째서 그 맛은 그렇게 달랐을까?

얼마 전, 뉴스를 보았다. 일본이 쌀이 부족해 우리나라 쌀을 수입한다는 이야기였다. 관광 온 일본인들이 한국 쌀을 사 간다고도 했다.

나는 문득 이런 생각이 들었다.

'우리 쌀로 초밥을 만들면 그 맛이 나올까?' 맛이란 단지 재료의 문제가 아니라 시간과 장소, 그리고 마음이 깃든 방식의 문제일지도 모른다.

언젠가 다시 일본에 가게 된다면 나는 초밥을 다시 먹어볼 것이다. 그리고 마음속으로 딸에게 말할 것이다.
 "이 맛, 너로부터 시작된 생일 케이크야" 그 말은 입 밖으로 내지 않아도 그녀는 알 것이다. 사람의 마음은 말보다 먼저 닿는 법이니까

색소폰

 어느 날, 일상의 먼지를 털어내려는 듯 가게 아주머니가 나를 찾아왔다. 자그마한 체구에 빠른 걸음, 늘 그렇듯 무언가 사소한 일을 부탁하러 온 기색이었다.
 이번엔 그녀가 세를 놓은 건물 어딘가에 물이 새는 듯하다고 했다. 저번에도 작은 물건 하나를 집 앞까지 배달해달라 하더니 이번엔 방수 문제였다. 나는 그리 달갑지 않은 미소를 띤 채 따라나섰다. 물은 내 전문 분야가 아닌데도, 그녀의 호기심 어린 말투와 어색한 친절에 이끌려 또 걸음을 옮기게 된 것이다.
 건물 외벽은 세월의 손톱자국처럼 거칠고 습기가 얼룩져 있었다. 나는 그저 눈으로만 훑고 "방수 전문가를 불러야겠네요"라는 말로 도장을 찍듯 의무를 다하려 했다.

그런데 아주머니가 지하로 내려가 보자고 했다.

"왜요?" 묻자, 그녀는 소곤소곤 말했다.

"지하에 예쁘고 젊은 아줌마가 색소폰을 부르는데 진짜 멋있어요"

색소폰 그건 나에게 도시의 새벽처럼 낯설고도 매혹적인 단어였다. 나는 반쯤 기대 반쯤 어이없음으로 그녀를 따라 지하로 향했다. 천천히 내려가는 계단은 마치 또 다른 세계로 이끄는 문턱 같았다.

문을 열자, 희뿌연 조명 아래 반주기의 선율이 공기를 감싸고 있었다. 그리 젊지도 늙지도 않은 여인이 온몸으로 소리를 뿜어내고 있었다. 나는 그 자리에서 한동안 숨을 죽인 채 그 여인의 입술과 손끝에서 흘러나오는 울림을 들었다.

그 선율은 내 안의 침묵을 흔들었다. 무언가 설명할 수 없는 떨림이 가슴 한편에서 피어오르더니, 이내 내 고개를 끄덕이게 했다. 연주가 끝난 후, 그녀는 나에게 묻는다.

"한번 배워보실래요?"

나는 웃으며 말했다.

"아무것도 몰라요 도레미도 잘 몰라요"

그러자 그녀가 조용히 미소 지으며 답했다.

"저도요. 아무것도 모른 채 시작했어요"

그 말 한마디가 어딘가를 두드렸다. 그렇게 나는 색소폰이라는 낯선 땅에 발을 들였다.

그 여인은 악기도, 레슨도 모든 것을 알아서 처리해 주었다. 나는 지갑을 열었다. 약간은 철없는 소년처럼

우정은 뒷산처럼

 거리는 어김없이 사람들을 품고 있었다. 나도 그들 중 하나로 걷고 있을 뿐이었다.
 그런데 그날 내 앞에 오래전 사진첩에서 튀어나온 듯한 한 사람이 걸어왔다. 반가움이라는 이름으로 포장된 억수 같은 말들이 그 사람의 입에서 쏟아졌다. 나는 묵묵히 그 물살을 맞았다. 말보다 오래된 기억들이 나를 더 조용하게 만들었다. 주고받는 소식들은 바람처럼 스쳤다.
 누군가의 안부는 나뭇잎처럼 흔들리다 떨어졌고 다른 누군가의 소식은 모래처럼 내 귀를 흘러내렸다.

 나는 듣기만 했다. 내가 말한 건 단 하나 "이제 우리도 늙어간다." 나이의 무게는 서로의 어깨 위에 덕지덕지 묻어 있었다.

자식들 다 떠나보내고 남은 건 나이테처럼 두터워진 삶의 껍질뿐이었다. 그렇게 10분 남짓, 시간의 낡은 옷자락을 붙들고 서 있다가 돌아섰다. 진심을 기대하지 않은 만남이었기에 발걸음은 무거우면서도 미련 없었다.

사실, 그 친구는 내게 오래된 흑백사진 같은 존재였다. 한때는 밝은색으로 칠해졌던 시절도 있었다. 젊은 날, 그의 부모님 장례식장에서 나는 등불처럼 그 곁에 있었다. 지치고 굽은 그의 등을 받쳐주는 그림자였고 결혼식 날엔 축복이란 이름으로 누구보다 넉넉하게 내 마음을 부었다.

눈길을 따라

　해가 바뀌기 전 삶의 잔잔한 수면 위로 친구의 목소리가 일렁였다.
　"요즘 산에 안 가나?"
　문득 던진 한마디가 잊고 있던 어떤 약속처럼 내 안에서 눈처럼 쌓여갔다.
　설산을 보고 싶다며 덕유산의 설천봉에 오르고 싶다던 친구의 말에 나는 가볍게 응했고 우리는 연초의 바람을 따라 무주로 향하기로 했다.

　1월의 첫날, 차창 밖으로 흐르던 풍경은 낯익은 듯 낯선 계절의 수묵화 같았다. 부산에서 무주까지 달린 거리보다도 산이라는 시간으로 들어가는 발걸음이 더 멀고 깊게 느껴졌다. 도착해보니 콘도라는 멈춰 있었다.

코로나라는 시대의 바람이 그 길을 막고 있었지만 우리 마음은 닫히지 않았다. 점심 한 끼로 몸을 달래고 지도를 펼쳐 보니 설천봉 옆에 칠 봉이 보였다. 마치 목적지보다 더 깊은 이야기를 품고 있는 뒷길처럼 칠 봉을 향한 산행은 눈이 수놓은 흰빛 카펫 위를 걷는 듯한 기분이었다.

눈발은 말없이 내렸고 발자국마다 고요한 찬미가 번졌다. 사진을 찍고 잠시 멈추고 다시 걷는 그 모든 시간이 침묵 속의 기도 같았다. 그러나 산은 시계를 보지 않는다.

어느덧 오후 세 시, 산의 표정이 바뀌기 시작했다. 선두에 선 나는 더 이상 전진할 수 없음을 알렸다. 해는 기울고 있었고 어둠은 이미 저 멀리서 우리를 기다리고 있었다. 하산 길은 암전처럼 빠르게 어두워졌다.

하지만 모두 무사히 내려왔다. 내 심장은 이상할 만큼 조용했고 그 조용함은 어쩌면 다시 그 산을 혼자 오르겠다는 결심의 씨앗이었는지도 모른다.

다음 날 나는 홀로 다시 길을 나섰다. 혼자 떠나는 산행은 언제나 조금 더 단단한 용기가 필요하다. 무주에 도착했을 때 하늘은 눈발을 흩뿌리며 나를 반겼다.

나는 그 인사에 답하듯 설천봉과 칠 봉의 갈림길에 다시 섰다. 스키장의 인공 눈이 공중으로 흩날리는 광경은 인간의 욕망이 만든 작은 설화처럼 보였다 나는 인공의 길을 외면하고 자연의 길 그 누구도 찾지 않는 칠 봉을 향해 걸음을 옮겼다.

그리고 그때였다. 함박눈이 쏟아지듯 내리기 시작했다. 길이 사라졌다 순백의 장막이 모든 흔적을 덮어버렸다.

나는 멈춰서 하산을 결심했지만 길이 이미 지워진 후였다. 눈 위의 발자국은 거짓말처럼 사라지고 세상은 오직 흰색 하나로 뒤덮였다. 어디가 길이고 어디가 벼랑인지 분간할 수 없는 무채색의 혼돈 나는 계곡을 향해 몸을 던졌다.

눈은 무릎을 넘고, 숨은 목구멍을 넘어왔다. 그때, 내 안에서 오래전 한 얼굴이 떠올랐다.

무룡산의 그날, 산악회의 선배가 눈 덮인 산길을 앞서 열며 우리를 탈출시켰던 그 모습 나는 산중의 침묵 속에 그의 이름을 불렀다. 아무도 없지만 들리지 않아도 외치는 것만으로도 길이 열리기를 바랐다.

헛디딘 길에서 나는 허리까지 눈에 파묻혔다. 지도는 무용지물이었고 헤드랜턴 하나가 유일한 희망이었다.

어디선가 물소리가 들렸다. 생명의 언어였다. 나는 그 소리를 따라 무작정 내려왔다. 뒹굴며 엎어 파묻히며 ...그리고 마침내 저 멀리 반딧불처럼 반짝이는 불빛이 나타났다.

임도였다. 살아있음의 신호였다.

나는 그 자리에 그대로 누웠다 땅의 차가운 품에 지친 몸을 맡기고 눈을 감았다. 무사히 돌아온 것만으로도 그날의 나는 세상을 다 가진 듯했다.

그 밤, 나는 설천봉과 칠 봉을 품은 덕유산이 얼마나 큰 품이었는지 깨달았다. 그 품은 나를 삼키지 않았고, 버리지도 않았다.

다만, 시험했다. 내가 얼마나 고요 속을 걸을 수 있는지 공포를 넘어 신뢰로 나아갈 수 있는지를 눈이 내리는 산은 무섭고도 아름다웠다. 그것은 어쩌면 삶의 진실한 얼굴일지도 모른다. 아름다움과 위협이 동시에 존재하는 풍경.

나는 이제 눈이 덮인 그 산을 다시는 찾지 않을지도 모른다. 하지만 그날의 산행은 내 마음 깊은 곳에 하얗게 새겨졌다. 이제 나는 어떤 외로움도 어떤 미로도 조금은 더 담담히 걸을 수 있으리라 믿는다.

이제 나는 깨닫는다. 눈으로 덮인 길이 진짜 길이 아니듯 우리가 눈앞에서 잃은 길도 때로는 새로운 방향으로 이끄는 은밀한 초대장이라는 것을 그리고 그 눈 덮인 산행은 내 삶의 한 페이지에 '순백의 용기'라는 이름으로 오래도록 남아 있을 것이다.

친구의 그림자

낙엽이 바람에 져 나뒹굴고 나무들은 하얗게 앙상한 팔만을 하늘로 뻗던 겨울이었다. 그 계절, 바람은 서늘했지만, 마음은 더 차가웠다.

그 찬 기운 속에 문득 찾아온 친구 하나가 있었다. 세상의 시간과는 조금 다른 박자에 맞춰 살아가던 그 친구는 그날도 어딘지 모르게 무거운 눈빛을 품고 내게 다가왔다. 그러고는 어느 날, 그 친구는 다시 돌아올 수 없는 먼 강 저편으로 떠나버렸다.

소식을 들었을 땐 믿을 수 없었다. 아니, 믿고 싶지 않았다. 그는 늘 떠돌던 사람이었다 자유로웠고 종종 돌출됐지만 그 안에 무언가 따뜻한 것이 있었다. 아무도 이유를 몰랐다 물어도 다들 어깨만 으쓱일 뿐, 누구도 확신 있는 말을 하지 못했다.

그렇게 그는 바람처럼 스며들어왔다가 어느 날 바람처럼 사라졌다. 그의 이야기를 글로 남긴다는 것—그건 얼어붙은 강 위에 손가락으로 이름을 새기는 일처럼 조심스러웠다 녹으면 사라지고 남기면 아플 이야기였다.

그와의 첫 장면은 다방에서 시작된다. 오래된 다방이었다. 색이 바랜 벽지와 눅눅한 공기, 그리고 늘 탁한 유리잔 너머의 불빛이 어지럽게 흔들리던 곳 그 공간에 그는 갑자기 들어섰다.

"오늘 온천장에 한 판 붙자,"라며 그는 나직한 웃음을 띤 얼굴로 말했다.

가진 게 많지 않던 시절이었다. 주머니 속은 늘 가벼웠고, 마음도 불안정했다. 그럼에도 나는 그를 따라나섰다 그의 말에는 언제나 이상한 확신이 있었고 나는 그 확신의 그림자 속으로 자연스레 끌려들었다.

그날 밤, 작은 호텔의 방안엔 기묘한 열기가 감돌았다. 낡은 벽지 틈새로 비집고 들어오는 불빛은 어딘가 불안했고, 테이블 위엔 계산기보다 빠른 손놀림이 오갔다. 그곳 여인들은 기생 출신이라 했다. 단순한 놀이가 아니었고, 단순한 만남도 아니었다.

돈의 크기가 높아질수록 눈빛은 더 예리해졌고 우리는 시간이란 개념을 잃은 채 새벽과 저녁을 뒤섞으며 3일 밤낮을 불태웠다. 그 시간 동안 나는 기묘한 승리를 거두었다. 나의 승리는 돈이라는 이름으로 포장되어 양쪽 주머니에 가득 담겼다.

동네 여인들의 패물이며, 카메라며, 전당포에 맡겨진 이야기들이 모두 한데 모여 내 주머니 속에 담겼다.

마치 한순간, 나는 타인의 시간과 감정을 빼앗아 승리를 만든 도둑 같았다. 그는 내 옆에서 웃고 있었고 나는 그 웃음이 정직하지 않다는 것을 알고도 모른 척했다.

4일째 되는 날 그는 다시 찾아왔다.

"잠 좀 잤나?"라며 농담을 건넸고, 그 다음엔 어김없이 리턴 매치를 제안했다. 이상했다 무언가 그에게는 계획된 각본이 있었던 것 같았다. 그 여인 중 한 명과 사귀고 있다던 그의 고백은, 우리가 같이 웃고 마시던 시간이 전혀 다른 의미로 각색되었음을 알려주었다.

그 모든 승부는 결국 누군가의 시나리오였고 나는 그 무대 위에서 바보같이 춤추고 있었던 셈이었다. 그는 온천장 여인과 결혼했다. 처음엔 모두가 믿지 않았다.

우린 그저 그를 놀기 좋아하는 친구로만 알았으니까. 그러나 그 사람은 진심이었다. 그는 그녀의 빚을 다 갚았고, 집도 샀다 했다.

모두가 입을 모아 '대단하다'며 감탄했지만, 나는 문득 그의 눈동자 속 깊은 고요를 떠올렸다. 사랑이란 게 그런 걸까 우리가 가볍게 흘려보낸 감정의 파편이 누군가에겐 인생의 전환점이 되는 것

그는 종종 어둠 속으로 사라지곤 했다. 한 번은 자기 매형이 교수라는 이유로 조카 돌잔치에 참석했고 그 자리에선 금반지를 훔쳐 나이트클럽에 가자고 했다. 그저 그때는 그랬다. 죄책감은 나중 일이었고 지금은 그 순간의 흥분이 우리를 움직이던 시절이었다.

며칠간 그 반지 값으로 밤거리를 헤맸고 그 결과 친구의 누나는 집에 금지령을 내렸다.

시간은 흘렀고, 그는 어느 날 우리 집 앞에 찾아왔다. 하지만 나는 그를 만나지 못했다.

그 후였다. 그가 죽었다는 소식이 들려온 것은 이유는 없었다. 병도, 사고도 아니었다. 친구들 사이에서는 온갖 이야기가 떠돌았다. 마음이 약했던 그, 정이 많았던 그가 조용히 세상을 떠났다는 소식은 우리 모두의 귓가에 파문처럼 퍼졌다.

나는 이제야 깨닫는다. 그 친구는 늘 강을 따라 흘러가던 사람이었다. 때로는 거칠게, 때로는 조용히 그는 사랑이라는 물결을 타고 가벼운 농담 속에서도 무언가 진지한 것을 품고 있

었다. 결국 그를 데려간 것도 사랑이었는지, 외로움이었는지, 우리는 알 수 없다. 하지만 그가 내게 남긴 수많은 장면—그건 사라지지 않는다.

 그 친구는 내 젊음의 그림자였다. 그리고 그 그림자는 오늘도 내 안에서 조용히 흐르고 있다.

 바람이 불 때마다, 낙엽이 질 때마다, 나는 그를 떠올린다. 그리고 묻는다. 정이란 무엇인지 사랑이란 어떤 얼굴을 하고 있는지 그가 남긴 질문은, 여전히 내 안에서 메아리친다.

비와 그리움

 새벽, 고요한 어둠을 뚫고 빗소리가 내 귀를 파고들었다. 그것은 단순한 빗방울의 속삭임이 아니었다. 마치 오래된 기억의 파편들이 하나씩 떨어져 잠들어 있던 내 의식을 흔드는 듯한 웅얼거림이었다.
 귓가를 두드리던 그 소리는 곧 현실의 전화벨로 바뀌었다. 동생의 떨리는 목소리, 그리고 어머니의 응급수술 소식 마치 갑작스럽게 내리는 소나기처럼 그 순간 나는 정신을 차릴 새도 없이 병원으로 달려갔다.
 어제 어머니는 평범한 하루를 보내셨다. 치과를 다녀오고 택시에서 내릴 때 살짝 부딪히셨다는 말에 그저 작은 해프닝이라 여겼다. 그러나 아침이 되자, 갑작스러운 발작이 찾아왔다.
 생의 방향은 그렇게 조용하고도 불시에 꺾인다.

몇 시간에 걸친 수술 끝에 어머니는 깨어나셨지만 우리를 알아보지 못하셨다. 병실의 하얀 천정만 바라보며 감각적인 고개 돌림으로 존재만을 확인하셨다. 의사는 연세 때문이라며 사고와는 무관하다고 말했지만 그 말이 내 안의 불안을 지우기엔 역부족이었다.

그날 이후 병실은 나에게 과거와 현재가 교차하는 공간이 되었다. 하얀 시트 위에 누워 계신 어머니는 살아온 모든 날을 조용히 반추하고 계신 것 같았다.

한 번은 혼자 병문안을 갔을 때 어머니는 깊은 잠에 빠져 계셨다. 나는 말없이 곁에 앉아 있었고 병실은 외풍도 없는 채 정적만이 흘렀다.

그때, 어머니의 입술이 작게 움직이며 나지막한 목소리를 흘렸다.

"엄마, 어디 있어…"

그 말은 내 심장을 멈추게 했다. 어머니는 꿈결 속에서 당신의 어머니, 그러니까 나의 할머니를 찾고 계셨다. 100세 가까운 생을 살아오신 분이, 여전히 그 품을 그리워하고 있었다. 죽음에 가까워질수록 사람은 사랑을 먼저 찾는다고 했던가 어머니의 무의식은 당신의 시작점으로 처음으로 되돌아가고 있었다.

그 장면은 마치 시간의 뿌리를 거슬러 올라가는 듯한 느낌이었다. 비단 할머니를 찾는 것이 아닌 당신이 다시 딸이 되고 싶은 마음, 아무 걱정 없이 잠들 수 있었던 품으로 돌아가고픈 간절함이었을지도 모른다.

그런 날, 나는 병실 창가를 바라보았다. 담장 밖 능소화 한 송이가 비에 젖어 떨고 있었다. 그 붉고 축축한 꽃잎은 어머니의 울음 같았다. 아무에게도 보여주지 않는 눈물, 감춰둔 그리움이 빗물처럼 조용히 줄기를 타고 흘러내렸다. 마치 어머니의 창가에 앉은 기억이 현실과 다시 마주한 순간이었다. 세상의 모든 비는 땅을 적시기도 하지만 때로는 마음을 물들인다. 그날의 비는 그런 빗방울이었다. 기억의 문을 열어 그리움을 쏟아붓고, 말 못 할 사랑의 무게를 어루만졌다.

비는 언제나 그렇듯 조용히 다가와 조용히 떠난다. 미련도 흔적도 없이 하늘을 비우고는 가버린다. 그러나 그가 스쳐 간 자리에는 언제나 갈증 같은 그리움이 남는다. 어머니는 그렇게 나의 기억 속에 다시 자리 잡는다. 병실에서 천정을 바라보던 그 깊은 눈빛은 지금도 내 마음을 휘젓는다. 그 눈빛은 말이 없지만 너무 많은 것을 전했다. 살아온 세월, 참아온 사랑, 숨겨둔 고통 그 모든 것이 한눈에 녹아 있었다. 어머니의 사랑은 말보다도 무거운 침묵으로 나를 감싸고 있었다. 시간이 흐르면 그리움은 더 단단해진다.

비는 그 단단한 마음의 껍질을 두드리는 망치였다.
그 소리에 나도 모르게 과거의 어느 장면이 떠올랐다. 툇마루 아래 놓인 고무신 그리고 그 안에 가득 고인 빗물 아이였던 내가 신으려다 흠뻑 젖어 있던 고무신을 바라보다 그 안에 하늘이 비치는 것을 보았던 기억 어린 나는 그때 알지 못했다. 그 고무신에 담긴 것은 단순한 빗물이 아니라 어머니의 삶, 어머니의 하늘이었다. 그 기억은 오래전의 것인데도 선명하다.

 어머니는 내가 작은 것을 알아차리기를 바라는 사람은 아니었지만 그 작은 장면 안에도 그녀의 세계가 담겨 있었다.

 지금 생각해 보면 그것이 바로 '사랑'이었음을 안다. 말로 하지 않아도, 행동으로 드러나지 않아도, 우리는 그렇게 사랑받고 있었다. 오월이 되면 또다시 어머니 생각이 난다. 첫 월급날, 빨간 내복 한 벌을 사드렸던 날 내 손에 쥐어진 그 조그만 봉투 하나에도 어머니는 무척 기뻐하셨다.

 고맙다, 아깝다, 이런 말씀을 하시기보다 그냥 조용히 안아주시던 그 품. 나는 그때부터 무의식적으로 깨달았다. 돈보다 물건보다 어머니는 내가 어른이 되어가는 모습을 기다려오셨다는 것을.

 이제 그 오월도 다시 돌아왔다. 비는 내리고 능소화는 젖는다. 그리고 내 마음속엔 여전히 어머니가 계신다. 창밖으로 흐르는 비를 보며 나는 오늘도 당신을 떠올린다.

비가 머문 자리마다 그리움이 자라나고, 그리움이 깊어진 자리엔 당신이 피어난다. 언젠가 나도 그 비를 따라 당신에게 닿을 수 있기를 그때는 나도 엄마를 부르던 목소리로 당신을 찾게 될 것이다. 당신의 이름을 다시 한번 마음속으로 불러본다.
"엄마…."
그리고 빗소리는 오늘도, 내 귓가를 조용히 적신다.

6박 7일 호주 여행

삶이란 때때로 미처 예상하지 못한 틈새에서 새어 나오는 햇살 같은 것이었다.

어느 날, 평소처럼 무심한 얼굴로 가게에 들른 딸이 내게 호주 여행 얘기를 꺼냈다. 신랑이랑 함께 간다며 아무렇지도 않게 말을 흘렸다. 나는 그냥 듣고 있었다.

속으로는 조용히 질문 하나를 삼켰다.

나도… 가면 안 되나 그렇지만 가족 중 한 명만 가능하단다. 회사에서 보내주는 단체 여행이라 규정이 그렇다고 했다.

"알았다, 잘 다녀와라"

그렇게 말하고 돌아서던 순간 내 안에 작고 오래된 꿈 하나가 툭부러지는 소리를 냈다. 며칠 뒤, 딸은 다시 전화를 걸어 "아빠, 김 서방 대신 아빠가 가요"라며 말해주었다.

사위는 젊으니 다음 기회에 가면 된다고 했다. 오래전부터 손 닿지 않았던 꿈의 땅, 호주 그 말 한마디에 내 마음 깊은 곳에서 잊고 있던 설렘이 조용히 깨어났다. 봄이 오면 일정이 정해진다고 했다 나는 딸에게 미안한 마음에 여행 경비를 조금 보탰다 그러나 그해 세상은 뜻하지 않게 닫히기 시작했다.

코로나라는 보이지 않는 재난이 전 세계를 멈추게 했고, 나의 여행 역시 멈췄다. 딸은 언젠가는 다시 갈 수 있을 거라며 나를 다독였다 몇 해가 흘렀다.

그리고 결국, 그 꿈은 다시 깨어났다.
딸이 말했다. 전에 무산된 여행이 재추진된다고.
"아빠, 함께 가야죠"
그 말은 오래된 여행 가방처럼 내 마음속에서 바스락 소리를 냈고, 나는 다시 출발할 준비를 하게 되었다.
장거리 비행은 쉽지 않았다. 처음 경험하는 12시간 넘는 하늘길은 마치 끝이 보이지 않는 터널 같았다. 의자는 비좁았고, 기내식이 몇 번 나왔는지도 기억나지 않았다. 그렇게 도착한 호주는 반대 계절로 맞이했다. 호텔 문을 열자, 화면 속에 '아버지와 딸' 이름이 떠 있었다. 나는 무심코 꺼버렸지만, 딸은 아쉬워했다.

"아빠, 사진이라도 찍지"

그제야 깨달았다. 이런 순간은 다시 오지 않는다는 걸 블루마운틴은 눈앞에 펼쳐진 살아 있는 엽서였다. 천 고지를 넘는 풍경과 손대지 않은 원시림, 뿌리가 몸보다 더 굵은 나무들 송진 향 가득한 버스 안에서 나는 호주의 숨결을 들이마셨다.

시드니 시내를 걸으며 오래된 성당과 오페라하우스를 보았다. 물건 하나를 애타게 찾다가 한국인 가게에서 마침내 찾았지만, 기다리는 사이 다른 이들이 먼저 사버렸다. 나는 결국 공항에서 더 크고 비싼 것으로 샀다.

여행 막바지, 호주 정부가 관광객을 위해 항구 다리를 특별히 열어주었다는 이야기도 들었다. 양옆에 총을 든 군인이 고개를 숙이고 있는 동상이 인상적이었다. 그 나라는 침략이 아니라 도움을 선택해 온 나라였다. 마지막 일정에서 딸은 사막과 동물원 중 고르라 했고, 나는 당연히 사막을 택했다.

그러나 정작 간 곳은 동물원이었고, 딸과 여성 일행들이 모래가 싫어 사막을 포기한 탓이었다. 나는 서운했지만, 결국 웃었다. 캥거루는 보았고, 사막은 마음속 풍경으로 남기면 되지 않겠나, 그렇게 생각했다.

귀국 전날 밤, 나는 누운 채 창밖을 보며 또다시 장거리 비행을 걱정했다.

하지만 그 걱정조차도 지나고 나니 추억이 되었고, 그 모든 여정은 내 삶의 한 페이지를 환하게 밝혀주는 빛이었다 한국에 돌아온 후의 일상은 다시 고요해졌지만, 마음속엔 아직도 호주의 향기와 바람이 남아 있었다. 어느 날, TV에서 사막 다큐멘터리를 보다가 나는 무심코 중얼거렸다.

"넌 이제 저런 사막 가보겠나"

딸과 사위가 그 자리에 있었다. 딸은 익숙하다는 듯이 일어나며 말했다.

"또 그 얘기야, 아빠"

사위는 조용히 웃었다.

나는 또다시 웃었다. 가지 못한 사막을 아쉬워하면서도, 다녀온 수많은 풍경들이 마음속을 환히 밝히고 있었으니까 그것은 단순한 여행이 아니었다. 내 삶의 늦은 시절에 선물처럼 찾아 가장 긴 봄날이었다. 그리고 그것은, 딸이 내게 준 사랑의 다른 이름이었다.

장미, 삶을 다시 피우다

 꽃샘추위가 물러갔다. 계절은 어깨를 활짝 펴며, 마치 긴 잠에서 깨어난 듯 세상에 빛을 쏟아내기 시작했다. 봄은 수줍은 첫인사처럼 나무마다 꽃잎을 붙여 보내고, 담장 너머로는 고요한 생명들이 연둣빛 한숨을 토해낸다.
 나는 꽃의 이름도, 종류도 잘 알지 못하지만, 봄의 언저리에서 피어나는 목련과 장미만은 알아본다 그 두 꽃은 늘 내 시선의 가장자리에 머물렀다. 하얀 목련은 단정하고 침묵의 품격을 지닌 채 가지 끝에 피어난다.
 고요한 고귀함이랄까 흙을 닮은 것이 아니라 하늘을 닮은 듯 우아하게 피어난다 반면, 장미는 다르다. 담장을 타고 오르며 피어나는 정열을 숨기지 않는다. 사랑이라는 말보다 더 짙은 빛으로 세상을 물들인다.

오월, 바로 그 장미의 계절이 도래했다. 뺨을 스치며 부는 바람에도 장미의 향이 실려 오고, 햇살의 결에도 붉은 기운이 묻어난다. 나는 문득 길가에 핀 장미 앞에 멈춰 섰다. 하루의 피로를 벗고 싶었던 건지, 아니면 장미의 눈빛이 나를 붙잡았던 건지, 알 수 없다.

붉은 꽃잎은 바람에 흩날리다 내 마음에도 한 장, 떨어진다. 손에 들린 폰을 꺼내 들었다 장미의 모습을 담는다. 누군가에게 보내고 싶었지만 막상 보낼 이는 떠오르지 않는다. 과거를 더듬어도, 꽃 사진을 누군가에게 보냈던 기억은 없다. 젊을 때는 그런 감성적 행동을 유치하게 여겼다.

지금에서야, 그 안에 서려 있던 서정과 낭만을 곱씹고 싶어진다. 그날도 그랬다. 우연히 담장 밖으로 흐르듯 늘어진 장미 한 송이를 보았다. 바닥 가까이 고개를 떨군 그 꽃은, 마치 나를 기다리고 있었던 듯했다. 그냥 지나치기 아까워 손을 뻗었다. 조심스레 꺾은 꽃을 들고 집으로 돌아왔다.

꽃병은 없었지만, 병 비슷한 유리 용기에 물을 담고 그 장미를 꽂았다. 물속에서 줄기가 숨을 고르고, 꽃잎은 천천히 방 안의 공기를 물들였다.

잠시 후, 딸이 왔다 꽃을 보더니 예쁘다고 했다 장미잎에 얼굴을 가까이 가져가 향을 맡으며, "이렇게 꽂아두면 오래가?" 하고 물었다. 나는 대답하지 못했다.

처음 해보는 일이었다. 꽃을 가져다 놓는 것도, 향을 맡는 것도, 누군가와 그 향에 대해 대화하는 것도 딸은 또 묻는다.

"그냥 두지, 왜 꺾었어?"

나는 대답했다.

"밑으로 너무 늘어져 있어서 꺾었지"

딸이 웃으며 말한다.

"사진 찍어 엄마한테 보내지 그래?"

나는 고개를 저었다.

"엄마는 꽃을 안 좋아할걸 옛날에 줬더니 버리더라" 왜였을까. 그때는 나도 몰랐고, 지금도 그 감정은 짐작할 수 없다.

성이 났던 걸까 어쨌거나 그 일 이후로 나는 다시는 꽃을 건넨 적이 없다.

딸이 한 마디 툭 던진다.

"아빠, 아직 마음이 청춘이네"

그 말이 가슴속 어딘가에 내려앉는다.

맞다. 나도 모르게 청춘을 다시 불러들이고 있었다. 지나가는 여인에게도 가끔 눈길을 주는 나는 그저 외면하지 않는 여유가 아직 내 안에 있다는 사실이 고마웠다. 나이 들었다고 마음마저 늙는 것은 아니니까 얼마 전, 나는 신차를 신청했다. 딜러가 와서 색상을 고르라 했다 여러 가지가 있었지만 나는 단호하게 장미색을 골랐다.

붉은색, 생의 마지막 불꽃처럼 타오르는 그 색이 내 삶의 궤도 위에 올려지길 바랐다.

딜러는 놀란 눈치였다. 다음 날에도 다시 확인 전화를 해 왔다.

"사장님, 붉은색은 옵션이라 중간 변경이 안 됩니다"

나의 선택에 직원끼리도 놀랐다한다.

"그 나이에 멋지다"는 말도 덧붙였다.

듣기 좋은 말이었다. 그러나 나는 알고 있었다.

속마음은 "이제 와서 웬 주책이냐?"는 뒷말이었을지 모른다는 것을 그래도 괜찮다. 주책이면 어떠한가 남은 삶을 장미처럼 피우고 싶을 뿐이다. 나는 이제 주저하지 않기로 했다. 세상의 시선이 어떻든, 장밋빛 인생의 끝자락에서 다시 불꽃을 들기로 했다 언젠가 피웠다가 진 사랑이 있었다면, 이제는 다시 피워보고 싶은 열정이 있다.

아직 살아 있다는 증거, 아직 설레는 심장, 아직 돌아볼 여유가 있는 눈길 그것만으로도 충분하지 않은가

장미의 계절이다. 나도 다시 피어나는 중이다. 누군가는 시들어가는 계절이라 말할지 몰라도, 내 안에서는 지금 가장 진한 꽃이 피고 있다.

마음을 옮기는 다리

나는 오늘도 글을 쓴다. 종이 위에 떨어지는 한 글자, 한 글자가 마치 물방울처럼 나의 내면 깊은 곳에서 솟아오른다.

그러나 그 방울은 쉽게 모이지 않는다. 감정의 선생님은 메말라 있고, 기억의 수로는 자주 갈라진다. 글을 쓴다는 것은 이제 내게 단순한 행위가 아니다. 마음속에서 꺼낸 언어들을 엮어 세상에 내보이는 일, 그것은 바위틈에서 핀 꽃을 꺾어 바람에 띄우는 일처럼 섬세하고 고단하다 단어 하나하나가 심연에서 길어 올린 마음의 조각들이다.

어릴 적 나는 글을 무심히 썼다. 그저 손끝에서 흐르는 대로 적었고, 그것이 어디로 흘러가는지, 누구에게 닿는지 관심조차 없었다.

저장이라는 의미조차 몰랐던 시절 그래서 나는 수많은 문장을, 수많은 시간 속에 던져놓고 잊어버렸다.

그 잊혀진 글들은 먼지처럼 흩어져 사라졌고, 나는 그것이 얼마나 소중한 것이었는지 나중에야 깨달았다. 돌이켜보면 그 시절의 나는, 제자리를 찾지 못한 강물처럼 방향 없이 흘러갔던 것이다. 낡은 노트에 남긴 글귀들은 지금쯤 어디쯤 떠돌고 있을까

그러다 어느 날, 꿈속에서 깨어났다. 글을 쓰는 것이 나에게 중요한 일이라는 걸 깨달은 순간, 나는 다시 펜을 들었다. 그러나 예전과는 달랐다. 단순한 낙서가 아닌, 무언가를 전하고자 하는 마음이 생겼고, 그래서 두려움도 따라왔다.

나는 글을 쓰는 사람에게 물었다. 내가 쓴 글이 좋은 글인지, 의미 있는 글인지, 무엇을 기준으로 판단해야 하는지를 그 사람은 말했다 글은 쓰는 사람의 것이 아니라, 읽는 사람의 것이라고 독자의 마음에 닿지 않으면, 그 글은 머물지 못한다고 나는 그 말에 오래 붙잡혀 있었다.

나는 문인 협회에서 시화전을 열었다 몇 달간 전국을 돌며 내 시가 전시된 풍경을 마주했다. 사람들의 눈길이 머문 자리, 조용히 고개를 끄덕이던 관람객들, 사진을 찍어가는 손길 그것으로 충분하다고 생각했지만 결국 작품은 집으로 돌아왔고 거실 한편에 걸렸다. 그 자리에 앉은 아내는 아무 말이 없었다. 마치 외면하듯, 혹은 무심하듯, 그저 고개를 돌렸다.

아이들이 물었다.

"엄마, 아빠 작품 봤어? 그래도 멋지지 않아?"

아내는 묵묵부답이었다. 아이들은 다그치듯 되물었고, 그제야 아내는 낮은 목소리로 말했다

"저희끼리 물어보고 상 주는 거지"

그 말은 가벼운 바람처럼 귓가를 스쳤다. 나는 들은 체하지 않았다.

그러나 그 말은 폭풍처럼 가슴속에 몰아쳤다. 그 한마디에 나는 좌절했다. 내 글이 사람의 마음에 닿지 못했다는 증거처럼 느껴졌다. 나는 시인이란 이름을 달고 있다. 하지만 그 명찰은 마치 국민학교 입학식 날, 콧물 닦는 손수건을 가슴에 달았던 것처럼 우스꽝스럽고 미숙했다. 철모른 아이가 교실에서 글씨를 배우듯, 나도 글쓰기의 초입에서 허둥대고 있다.

아내의 차가운 반응은, 아마도 독자들이 내게 보내는 무언의 신호였을지도 모른다. 글을 쓰는 일은 어쩌면 마음의 강을 건너는 일이다. 다리가 없는 그 강을, 글자로 하나씩 디딤돌을 놓으며 건너야 한다.

때로는 미끄러지고, 때로는 빠지고, 때로는 다시 돌아와야 하는 그 여정 속에서, 나는 내가 쓴 문장 하나하나를 다시 읽는다.

이 문장이 누군가의 마음에 물결을 일으킬 수 있을까

이 단어가 누군가의 눈가에 맺히게 할 수 있을까 끝없이 묻고, 고치고, 다시 써본다 아내의 반응은 결국 내 글이 세상과 소통하지 못했다는 증거였다. 가장 가까운 사람의 마음 하나 움직이지 못하면서 나는 무엇을 기대했던가
 글이란 결국 마음을 옮기는 다리다. 그 다리가 무너지면 아무리 많은 문장을 쌓아도 건너갈 수 없다.

 아내는 말없이 내게 말했다.
 '더 공부하라.'
 그 말은 소리 없는 명령처럼 내게 꽂혔다. 나는 다시 시작할 것이다. 글을 쓴다는 것은 나를 벗기는 일이다. 누군가의 마음을 향해 다가가는 일이다.
 이제 나는 내 글을 처음 읽는 사람처럼 읽는다. 냉정하게 그러나 따뜻한 눈으로. 다시금 내가 어디서부터 길을 잘못 들었는지 되돌아본다.
 그리고 오늘도 한 줄을 더 써 내려간다 언젠가, 그 한 줄이 누군가의 가슴에 잔물결을 일으킬 수 있기를 바라며 글이 흐르는 강물처럼, 멈추지 않고. 언젠가 이 강이 누군가의 메마른 마음밭을 적셔줄 수 있는 날을 기다리며, 나는 오늘도 조심스럽게 등불 하나를 밝힌다.

아직은 희미하고 작지만, 그 불빛이 언젠가 깊은 밤의 나침반이 되어 누군가의 길을 밝혀줄 수 있으리라 믿는다. 그래서 나는 쓴다 말할 수 없는 고독 속에서도 쓴다. 무응답 속에서도 쓴다. 그것이 내가 살아 있다는 증표이기에 글을 통해 세상과 마주하겠다는 다짐이기에

너도 내 삶의 일부였다

　세상이 온통 철근과 시멘트로 소리를 냈던 시절이 있었다. 굴착기의 굉음이 아침을 깨우고, 콘크리트 트럭의 엔진이 하루를 밀어붙였다. 건축 붐이라는 이름의 소용돌이 속에서, 나 역시 건재상을 하며 분주히 하루하루를 살아냈다. 손바닥이 거칠어질 틈도 없이 자재를 옮기고, 거래처를 오갔다. 그렇게 정신없이 돌아가는 현장 속에서도 특별한 인연 하나가 내 삶에 조용히 스며들었다.
　그는 나보다 몇 해 앞선 선배였다.
　같은 업종, 같은 시장, 같은 현장에서 만나 우리는 서로의 무게를 이해하는 사이가 되었다. 말 한마디에도 품격이 배어 있던 사람 거칠고 투박한 이 바닥에서 보기 드문 사람이었다. 그는 늘 말을 곱게 했고, 바쁠 땐 내 일까지 도와주며 미소를 잃지 않았다.

형수님은 나를 '도련님'이라 부르며 따뜻하게 대해주셨고, 나는 자연스럽게 그분을 '형수님'이라 불렀다. 그렇게 우리는, 피 한 방울 섞이지 않았지만 피보다 가까운 사이가 되었다.

 어느 날, 한가한 오후였다. 그는 나를 불러 함께 식사하자고 했다 식당에 앉아 허기를 달래며 나는 무심코 물었다.

 "요즘도 주문 많이 들어오십니까?"

 그는 가볍게 웃으며 말했다.

 "그게 아니고, 요즘은 운동 좀 하잖아"

 그러고는 옷깃을 젖히며 제법 단단해진 가슴을 내보였다. 근육이 불룩 솟은 모습에 나도 따라 웃었다. 누가 봐도 건강해 보이는 모습이었다. 삶이 다소 느슨해져도, 그는 여전히 자기 자신을 가꿀 줄 아는 사람이었다. 모래 장 사무실에 가면 늘 고스톱을 치며 흥정을 논하던 건재상 사람들의 풍경 속에서, 그의 모습이 보이지 않았다. 전화를 걸자 그는 쑥스럽게 웃으며 말했다.

 "딸 시집보내려 하잖아 조금 그런 일이 있어서"

 몇 주 후, 모래 장 사무실로 그의 청첩장이 도착했다. 요즘처럼 모바일 청첩장이 아닌, 직접 손에 들려온 종이 청첩장이었다 그의 얼굴을 보니 많이 여위어 있었다.

 "형님, 왜 이렇게 살이 빠지셨습니까?" 나는 놀라 물었다. 울퉁불퉁하던 근육은 온데간데없고, 어깨는 작아 보였다.

그는 대답하지 않았다. 그저 피곤한 눈빛으로 웃었다.

결혼식 날, 그는 더 말라 있었다. 그리고 얼마 지나지 않아 또 다른 청첩장이 도착했다.

"미안하다, 동생 애들 빨리 보내야 해서 시간 되면 얼굴 한 번 봐줘" 짧은 메시지 나는 무언가 마음속 어딘가가 꺼림칙해지는 것을 느꼈다. 그리고 그 결혼식이 끝난 후, 그는 사라졌다. 연락이 닿지 않았다. 몇 번의 시도 끝에, 형수가 전화를 받았다.

"형수님, 무슨 일이에요?"

"…형님, 지금 대학병원에 입원해 있어요"

그 말에 나는 숨이 턱 막혔다.

다음 날, 나는 곧장 병실로 달려갔다. 선배는 이미 몇 번의 고비를 넘긴 상태였다. 그가 아꼈던, 그가 지키려 했던 마지막 자식들을 시집 장가 보내고, 이제는 홀가분히 떠날 준비를 하고 있었다. 그의 몸은 말이 아니었다. 남아 있던 기운조차 병실의 공기 속으로 빠져나가고 있는 듯했다. 그날, 나는 그의 마지막 말을 들었다. 형수님이 무언가 말을 하려던 찰나 선배가 내게 말했다.

"동생, 그냥 있어"

그는 아내의 손을 꼭 잡고, 조용히 말했다.

"그동안 고마웠네 고생 많았어 이제 나를 놔줘"

그 말 한마디에, 형수님의 눈에서 물줄기처럼 눈물이 흘렀다 나는 아무 말도 할 수 없었다. 선배는 항암 치료의 고통을 견디고 견디다, 결국은 말로 남길 수밖에 없었던 작별의 인사를 아내에게 전하고 있었다. 그러고는 나를 향해 다시 말했다.
"동생, 자네도 내 삶의 일부였네 고마웠네"
나는 그 말을 들은 순간, 무너졌다. 목구멍이 막히고, 눈시울이 뜨거워졌다.

병실을 나서는 길, 복도의 빛이 이상하게 느껴졌다. 조용하고 멀었다. 선배와 함께했던 수많은 기억이 파노라마처럼 떠올랐다 함께 일하던 날들, 점심을 먹던 시간, 나를 도련님이라 불러주던 형수님의 미소까지 모든 것이 하나의 필름처럼 돌아가다가 눈물이 조용히 흘렀다. 울음소리조차 낼 수 없었다. 그는 그렇게, 조용히 내 마음 한가운데를 비우고 있었다.
며칠 뒤, 형수님에게서 전화가 왔다.
"치료 중 폐렴이 왔어요 조용히 눈을 감으셨어요"
그 말이 떨어지자, 내 안에서 또 다른 무언가가 꺼져갔다. 그가 나의 삶 속에서 남겨놓은 자리, 그 따뜻하고 조용했던 마음의 빈틈이 깊고 어둡게 남았다. 삶은 그렇게, 누군가의 존재가 사라짐으로써 더 또렷해지는 아이러니 속에 있다.

선배는 내 삶의 한 조각이었다. 그러나 그 조각은 단순한 추억이 아니라, 내 삶을 지탱해 주던 한 모서리였다. 사람과 사람 사이의 관계는 때로 건축물과도 같다. 기둥 하나 무너지면 전체가 흔들리는 법이다. 그는 나의 기둥 같은 사람이었다. 이제 나는 그의 빈자리를 앉고 살아간다 그의 마지막 말처럼, 그는 분명 내 삶의 일부였다. 그리고 나는 그 사실을, 이별을 통해서야 알게 되었다.

하지만 늦지 않았다. 기억 속에서 그는 여전히 나를 향해 미소 짓고 있다.

설거지

  나는 외식을 좋아하지 않는다. 외식이란 종종 화려한 접시 위에 담긴 타인의 손맛처럼 느껴지곤 한다.
  익숙하지 않은 그 맛은 한 끼의 허기를 채울 수 있을지언정, 마음 깊숙한 곳까지 따뜻하게 데워주지는 못한다. 그래서 나는 늘 집에서 밥을 짓는다. 익숙한 손으로 쌀을 씻고, 물을 맞추어 밥을 안친다. 시간이라는 불길 속에서 차분히 익은 밥은 내가 만든 정성의 온기를 머금고, 냉동실에서 조용히 다음을 기다린다. 가게에서 먹는 점심 한 끼도, 그렇게 내 삶의 일부가 된 밥들로 채운다. 전자레인지 속에서 다시 살아난 밥알은 어제와 같은, 그러나 오늘을 위한 따뜻함으로 내 앞에 놓인다.

  하지만 그 뒤를 잇는 건 늘 설거지다 밥을 먹는 것만큼이나 필연적으로 따라오는 그 일은, 묵묵히 쌓이는 그릇들 속에서 내 게으름을 증명하고 있었다.

  나는 문득 생각했다. 왜 여자들은 설거지하면서도 아무 말이 없었을까? 마치 시대의 물결에 젖은 바위처럼, 묵묵히 그 자리를 지켜낸다는 듯 그 이유를 한참이나 지나서야 어렴풋이 알게 되었다.

  하기 싫은 마음은 누구나 같았고, 단지 오랜 시간 속에서 사회가 맡긴 역할이 다를 뿐이었다. 그릇을 씻는 손은 늘 여성의 몫이었고, 그 손마디에 깃든 침묵은 고단함의 이름이었다. 하지만 시대는 흐른다 이제는 젊은이들이 함께 가사를 나눠야 한다는 소리가 점점 커진다. 과거의 틀에서 벗어나야 한다는 외침은 어느덧 생활 속의 변화가 되어간다. 나 역시 그 흐름을 느낀다 '여성 상위시대'라는 말은 단순한 구호가 아니라, 현실이 되어가고 있었다. 그리고 나는 그 현실 속에서 매일 점심을 먹고, 그 뒤에 남겨진 설거지를 산처럼 쌓아놓는다.

  내 게으름은 공공연한 사실이다. 친구들도 알고, 손님들도 알고, 심지어는 자판기처럼 익숙한 주방의 찬장조차 알고 있을 것이다 그래서일까, 설거지를 마주할 때면 마음이 먼저 지친다. 어떤 날은 숟가락 하나조차 씻겨 있지 않아서 결국 일회용 나무젓가락을 꺼내 들고 말았다. 마음이 비워진 자리에는 플라스틱 같은 공허가 남았다.

그러던 어느 날, 물건을 사러 온 여자 손님이 주방 한구석의 풍경을 보고는 고개를 절레절레 흔들었다. 밥을 먹고 있는 나를 힐끗 바라보던 그녀의 눈엔 일종의 연민과 불신이 섞여 있었다. 그 옆에 있던 남편은 말이 없었다.

마치 가정이라는 삶의 무대에서 조연으로 물러난 채, 조용히 아내의 판단을 믿고 있는 듯했다. 흥정은 여자의 몫이었다. 숫자를 굴리고 말을 섞으며, 이리 깎고 저리 꺾으며 가격을 다듬어갔다 마치 오래된 조각칼로 삶의 가장자리를 깎듯 그녀는 능숙하게 흥정의 무대를 이끌었다.

나는 농으로 말했다.

"그렇게 깎아드릴 테니 설거지나 조금 하고 가시지요." 순간 그녀의 눈이 내 뒤의 주방을 다시 한번 더듬었다.

그녀는 웃지도, 노하지도 않았다 대신 말없이 돈을 꺼냈다.

"우리 집도 일하기 싫은데요"라는 말 속엔 여러 겹의 삶이 스며 있었다. 나는 그 말에 무거운 웃음으로 답했다.

부끄러움 반, 공감 반의 웃음. 남편은 한발 물러서며 말했다.

"마음 같아서는 제가라도 해드리고 가고 싶네요."

그런 농담 섞인 말에 나도 웃었다. 웃음은 때때로 그릇보다 더 무거운 무언가를 씻어주는 법이다. 삶은 어쩌면 설거지와 닮았다. 하루하루 쌓이는 것들을 어쩔 수 없이 닦아내야 하고 미루다 보면 감당할 수 없는 무게가 된다. 남겨진 음식처럼 미처 삼키지 못한 감정들도, 말없이 쌓여간다.

그러다 어느 날, 누군가의 한마디에 툭 하고 무너진다. 그 순간 깨닫는다. 누구나 설거지를 하기 싫어한다는 것, 그리고 그것을 묵묵히 해내는 이들이 세상을 지탱하고 있다는 것을

나는 여전히 게으르다. 하지만 그 게으름 속에서도 사람들과 나누는 농담과 공감이 주방 한편을 따뜻하게 덮는다. 어쩌면 설거지란, 단순히 그릇을 닦는 일이 아니라 삶의 찌꺼기를 털어내고 새로운 하루를 준비하는 의식일지도 모른다. 내일은 오늘보다 더 깔끔한 마음으로, 더 깨끗한 그릇 위에 밥을 담을 수 있기를 바라며 나는 다시 고무장갑을 끼고 주방으로 향한다.

문학의 길

나는 한때 마음의 안개 속을 걷고 있었다. 무엇이 문제인지도 알 수 없고, 어디가 아픈지도 설명할 수 없는 막막한 감정이 내 일상을 덮었다. 햇살 한 줄 들어오지 않는 내면의 숲에서 나는 홀로 길을 잃은 채 방황했다. 사람들 사이에 있어도 혼자인 기분이었고, 마음속에는 이름조차 붙이지 못한 슬픔이 고요히 쌓여갔다 모든 것이 멀고 낯설었고, 어떤 위로도 가닿지 않는 채, 나는 조용히 가라앉고 있었다.

그러던 어느 날, 인터넷에서 우연히 밴드 하나를 알게 되다. 그곳은 어딘가 외로운 이들이 조용히 모여, 말 대신 글로 숨을 쉬는 작은 섬 같았다. 나는 그 밴드에 들러, 생각나는 대로 감정을 풀어 적기 시작했다. 아무런 틀도, 기준도 없이 오직 내 안의 흐름에 따라 문장을 뽑아냈다가 글이라는 도구는 나의 내면을 담는 유일한 그릇이었고, 그것만으로도 이미 충분했다. 그렇게 문장 속에서 나는 나를 조금씩 마주하고 있었다. 시간이 조금 흘렀을 무렵, 예전부터 알고 지내던 친구가 내 글을 우연히 읽고 시 한 편을 보내왔다. 이미 시인으로 등단한 친구였기에 그의 응답은 놀라움과 동시에 약간의 떨림을 안겼다. 나 역시 답장처럼 짧은 시 한 편을 써 보냈다. 그렇게 짧은 시가 오가며 대화가 이어졌고, 어느 날 그는 내게 진지하게 물었다.
"너, 글이 참 좋다. 등단 생각 없니?"

그 물음은 마치 깊은 산속을 걷다 난데없이 들려오는 종소리 같았다는 묘하게 마음을 흔들었지만, 나는 곧 고개를 저었다가 등단이라는 말은 내게 너무도 낯선 세계의 언어처럼 들렸고, 그곳은 내가 아닌 누군가의 몫이라고 생각했다.

그래서 나는 조심스레 말했다. 등단, 시인, 그런 말들은 나와 거리가 먼 일이고, 나는 그저 내방이라는 작은 우주 안에서 나만의 속도로, 나만의 방식으로 쓰는 삶이 좋다고
그 말을 들은 친구는 더는 권하지 않았다. 말없이 고개를 끄덕이고는 잠잠해졌고, 그렇게 그 대화는 조용히 닫혔다.

시간이 조금 더 흐른 뒤, 이번엔 또 다른 친구 선호가 시집 한 권을 들고 내게 찾아왔다. 그는 시만 쓰는 밴드가 있다며 내게 소개했고, 자기는 그곳에 있다가 나왔다며 나더러 알아서 판단하라고 했다. 나는 처음에는 망설였지만 호기심 반, 권유 반으

로 그곳에 들어갔다. 그곳은 내가 알던 곳과는 다른 풍경이었다. 이전 밴드에는 글을 쓰는 이들이 몇 있었지만 시인을 자처하는 이는 없었다. 그런데 이곳은 달랐다. 시인들만이 모여 있었고, 모든 글이 기준을 가지고 읽히는 곳이었다.

나는 조심스레 글을 올렸다. 하지만 돌아온 것은 따뜻한 격려가 아니라 예리한 지적과 비판이었다 맞춤법이 틀렸고, 띄어쓰기가 어긋났다고 했다. 나는 시인이 아니라 그저 글이 좋아서 쓴다고 해명했지만, 말없이 흘러가는 댓글의 말투는 내게 작지 않은 상처를 남겼다. 자존심은 스르륵 금이 가고, '탈퇴'라는 단어가 머릿속을 맴돌기 시작했다.

그때였다. 낯선 쪽지 하나가 조용히 날아들었다. 밴드 리더가 보낸 것이었다. 그 쪽지에는 책망이 아니라 따뜻한 조언이 담겨 있었다. 그는 내게 네이버 맞춤법 검사기를 소개하며 말했다.

"글이 좋은데, 문법이 틀리면 사람들이 그 글을 글로 보지 않아요. 연습해 보세요. 그리고 지금 ○○문인협회에서 응모전이 있어요 한번 내보는 건 어때요?"

그 말은 내 마음속에 작은 불씨를 지폈다. 나는 아직 나 자신에게 글을 믿을 만한 자격이 있다고 생각하지 않았지만, 그 조심스러운 제안에 용기를 내어 도전했다.

그렇게 응모한 글이 바로 '빈집'이었다. 한동안 잊고 지냈던 산동네의 풍경, 비어 있는 골목, 남겨진 짖는 개의 울음, 발등에 떨어지는 목련 꽃잎, 그림자처럼 지나가는 작은 생명들 그 모든 이미지는 내 안에 쌓여 있던 기억의 편린들이었다. 나는 그것들을 조심스레 끌어모아 글로 묶었다.

그리고 어느 날, 예상치 못한 소식이 전해졌다. 그 글이 '올해의 시'로 선정되었다는 것이다. 순간 숨이 멎는 듯했다. 내 글이, 내 이름이, 그 무수한 후보들 사이에서 선택되었다는 사실이 믿기지 않았다.

'빈집'이라는 시는 사실상 내 마음의 거울이었다. 누구에게도 들키지 않으려 조용히 닫아뒀던 내면의 공간, 그 비워진 자리에 처음으로 시라는 빛이 스며든 것이었다. 나는 그렇게 등단을 했다 어쩌다 보니, 시인이라는 이름표를 달게 되었고, 사람들은 이제 나를 그렇게 부르기 시작했다.

문득 어린 시절이 떠올랐다. TV 화면 속, 안경 낀 작가들이 원고지를 구기며 글에 몰두하던 모습, 서점에서 시집을 들춰보며 감히 흉내도 내지 못했던 문장들, 시몬의 낙엽 밟는 소리에 가슴 뛰던 소년의 시간 그 모든 것이 나에겐 닿을 수 없는 먼 별 같았고, 꿈도 꿀 수 없는 세계의 일이었다. 그러나 지금, 나는 이 길 위에 서 있다. 문학이라는 이름이 새겨진 좁고 고요한 길 이 길은 화려하지 않다.

누구에게나 펼쳐지지도 않는다. 누군가는 먼 길을 돌아 도착하고, 또 누군가는 상처를 안고 도달한다.

  나에게 문학은 단순한 취미나 일상이 아니다. 그것은 나를 다시 일으켜 세운 생의 이정표이며, 눈물로 눅눅해진 시간을 건너오게 한 숨의 고백이었다.

  나는 아직도 서툴다. 지금도 띄어쓰기 하나를 놓치기도 하고, 문장의 끝을 제대로 닫지 못할 때가 많다. 하지만 나는 이제 안다 그런 작은 실수 속에서도 내가 살아 있다는 것을 문학은 나를 치유했고, 어쩌면 언젠가 다른 누군가에게 위로가 될 작은 불빛이 될지도 모른다. 그 불빛은 때로 빈집의 창문처럼, 누구에게나 열려 있는 고요한 손짓이다.

시집을 얻다

  토요일 오후는 낯선 주머니처럼 손에 쥐어졌다. 비어 있는 듯 하면서도, 어딘가에서 은밀히 무언가를 품고 있는 듯한 주머니 였다 그 안에는 아직 이름 붙지 않은 기대와 조용한 설렘이 모 래처럼 소복이 깔려 있었다.
  가게 문을 닫고 나와, 별다른 목적지도 없이 나는 그 주머니 를 열어보고 싶어졌다. 그래서 걸음을 떼었고, 시내를 향해 천 천히 흘러갔다. 지하철의 차가운 바람을 가르며 광복동 역으로 달려가는 동안, 내 마음은 오래 묵은 호수처럼 고요히 흔들렸 다. 지하 차도 아래로 내려섰을 때, 불빛 아래에서 작은 별들이 반짝이고 있었다.
  그것은 부산 시인협회가 열고 있는 시화전이었다. 먼지 많은 도심 한가운데서 시를 만난다는 것은, 폐허 속에서 피어난 작 은 꽃을 발견하는 것 같았다.

벽에 기대어 소리 없이 숨 쉬는 시들은 세상의 모든 소란을 뒤로하고 조용히 속삭이고 있었다. 나는 그 속삭임에 귀를 기울였다 시들은 저마다 다른 언어로 나를 불렀다. 어떤 시는 오래 묵은 바다 냄새를 품었고, 어떤 시는 갓 구운 빵처럼 따끈했다. 그들은 낡은 나뭇결 같은 리듬으로, 가끔은 이슬처럼 투명한 어휘로 나를 붙들었다.

 나는 그 속에서 길을 잃고, 또다시 길을 찾았다. 그러나 오래 머물지 못했다. 내 발걸음은 바람처럼, 물처럼 어디론가 흘러가야만 했다 광복동 거리로 나오니 사람들의 발자국이 바닥을 덮고 있었다. 약국들이 줄지어 선 길목을 따라 걷다가 영양제를 몇 병 샀다. 묵직한 유리병을 담은 비닐봉지를 들고나오자 손끝에 작은 생명의 무게가 스몄다. 그 무게는 이상하게도 가벼웠다. 그리고 은근히 따뜻했다. 살아 있다는 것은 이런 작은 무게들을 견디는 일일지도 몰랐다.

 나는 보수동 헌책방 골목으로 방향을 틀었다. 그곳은 오래된 꿈들이 겹겹이 쌓여 있는 창고 같았다 먼지가 책등을 타고 미끄러지고, 손끝에 닿을 때마다 오래된 숨결이 피어올랐다. 책장을 넘길 때마다 바람이 불고, 한 권 한 권 들춰볼 때마다 잊혔던 시간이 깨어났다. 나는 그 낡은 숨결 속에서 시집 몇 권을 골라 품에 안았다. 바스락거리는 종이 냄새는 고요한 사원의 향내처럼 아득하게 가슴을 적셨다. 종이 위를 흐르는 오래된 시간은 나를 천천히 과거로 끌어당겼다. 나는 어느새 과거와 현재 사이에 걸려, 꿈처럼 흐르는 골목길을 걷고 있었다.

책을 얻고 나자, 다시 아까 지나쳤던 시화전이 생각났다. 나는 마치 무심코 잃어버린 보물을 찾으러 가는 어린아이처럼 발걸음을 되돌렸다.

다시 전시회장에 들어섰을 때, 오후의 햇살은 누렇게 기울어 있었다. 문득, 세상이 조금 더 부드럽게 숨을 쉬는 듯했다. 나는 조심스레 책상 위에 펼쳐진 시집들을 들춰보았다. 그 문장들은 마치 오래된 편지처럼 나를 끌어당겼다. 빛바랜 단어 하나하나가 숨결을 품고 있었다.

그때였다 한 사람이 다가와 조심스럽게 말을 건넸다.

"혹시 책을 가져가실 의향이 있으신가요?"

나는 망설임 없이 고개를 끄덕였다. 그는 미소를 지으며 앞에 놓인 시집을 각각 한 권씩 내 손에 쥐여주었다. 그 순간, 책이 손에 닿는 느낌은 마치 한 송이 꽃을 건네받는 것처럼 부드럽고 따뜻했다. 나는 조심스럽게 물었다.

"얼마 드리면 될까요?"

그는 손사래를 치며 말했다. "괜찮습니다. 부산시 지원으로 나온 거니까요 읽어주시는 것만으로 충분합니다"

그 말을 듣는 순간, 내 손안의 시집들은 단순한 종이 뭉치가 아니었다. 그것들은 작은 온기였고, 낯선 이가 건네준 믿음이었고, 삶의 잔잔한 위로였다. 나는 가슴 깊숙한 곳에서부터 무언가가 서서히 퍼져나가는 것을 느꼈다 지하철을 타러 가는 길, 나는 네 권의 시집과 몇 권의 헌책이 담긴 보따리를 들고 있었다. 그러나 손끝에 느껴지는 무게는 놀라울 만큼 가벼웠다 나는 혼자 속으로 외쳤다.

'야호, 나는 부자다!'

배가 고프지 않았다. 늦은 저녁인데도 허기가 느껴지지 않았다. 어쩌면 나는 이미 시집이라는 작은 정원 속에서 배불리 걷고 있었던 것일지도 모른다. 활자들은 내 속에 단비처럼 스며들었고, 나는 오래 굶주린 나무처럼 그 단비를 탐욕스럽게 머금었다.

어린 시절, 책은 짐이었다. 숙제처럼 강요당한 억지로 넘겨야 했던 페이지들 눈으로만 읽고 마음으로는 닫았던 시절 그러나 이제는 달랐다. 나는 스스로 책을 품고 있었다 읽기 위해, 기쁘기 위해, 숨쉬기하기 위해 과거의 나에게는 멀기만 했던 그 세계를, 나는 이제 주머니 속처럼 조용히 소유하고 있었다.

집으로 돌아가는 길, 가슴은 저절로 부풀어 올랐다. 손에 든 책 보따리는 제법 묵직했지만, 마음은 솜털처럼 가벼웠다. 삶이 문득, 내 편이 되어준 날이었다. 콜라병처럼 울퉁불퉁한 인생길을 걷는 동안, 손에 쥔 시집들은 나의 지팡이 같았다.

종이로 만들어진, 바람에라도 날아갈 것 같은 그것들이, 그날은 나를 가장 견고하게 받쳐주었다.

  저녁노을이 창문에 기댄 채 붉게 웃고 있었다. 나는 콧노래를 흥얼거리며 골목을 걸었다. 아무도 알아채지 못하는 작은 승리였지만, 그 승리는 내 가슴에서 천둥처럼 울렸다. 손에 쥔 책들은 단순한 물건이 아니었다. 그것들은 먼 길을 돌아온 친구들이었고, 내 허기진 영혼을 채워주는 약이었다.

  그날, 나는 비로소 알았다. 아주 작고 사소한 것들이 때로는 사람을 구원한다는 것을 시집 네 권과 헌책 몇 권 그것이 내게 세상 모든 부를 안겨준, 조용하고도 빛나는 기적이었다.

형제

 부산대 앞 운동화 전문 매장에 들른 것은 순전히 우연이었다. 이리저리 걷다가, 다채로운 운동화들이 나열된 진열대를 바라보며 나는 문득 깊은 세월을 걸어 올랐다. 마치 버려진 운동화 한 켤레가 내 기억 속에서 스스로 몸을 일으키듯 잊은 줄 알았던 어린 날의 상처가 한 발짝, 또 한 발짝 다가왔다.
 거의 60년이 다 되어가는 세월이었지만, 그날의 서늘한 바람과 부끄러움은 여전히 내 안에 살아 있었다. 우리 집은 그때 부유한 축에 속했다. 초장동 일본식 이층집에서 살다 서면으로 이사했을 때, 어른들은 촌으로 내려온 것처럼 투덜거렸다.
 한동안 학교를 전학시키지 않고, 서면에서 전차를 타고 토성동까지 통학했다. 전차 한 달 정기권이 80원이었고, 한 번 탑승에 2원 50전이 들었다. 왕복이면 5원이니, 아버지는 아낌없이 정기권을 끊어주셨다.

그렇게 다니다가 서면에 사립 국민학교가 생기면서 전학을 갔다. 학교 시험과 면접을 봤다. 면접관은 웃기게도 티브이 있냐, 자가용 있냐는 식의 질문을 했다. 집은 마당만 180평이었다고 들었다.

어느 겨울, 어머니가 했던 말이 지금도 귓가에 맴돈다. 쇠로 만든 금고 안에 돈이 가득했지만, 손 하나 대지 않았다는 자부심 도둑이 들어도 건드리지 못할 정도로 견고했던 그 금고는, 세월이 흐르며 결국 고철로 버려졌다.

돈을 빌리러 온 사람들은 줄을 이었고, 그때는 이름도 모르던 사람들이 세월이 지나면서 어떤 존재였는지 알게 되었다. 우유공장에 돈을 빌려주고, 갚지 못하자 연유 박스를 대신 받았다. 버스를 빚 대신 받기도 했고, 드럼통을 펴서 만든 허술한 버스들은 늘 고장이 잦았다.

나는 12살이었다. 운동화는 이미 바닥을 드러냈고, 오른쪽 엄지발가락과 두 번째 발가락이 얼굴을 내밀고 있었다. 학교에 가기 위해 전차 역으로 가던 길, 작은형이 기다리고 있었다.

형은 울면서 엄마에게 받은 돈을 빼앗아 갔다. 나는 터진 운동화를 신고, 왼발로 오른발을 덮은 채 만원 전차 속에 서 있었다.

그 겨울 초입, 쌀쌀한 바람은 낡은 운동화 틈으로 얼음을 심었다.

학교에서는 쉬는 시간에 일이 터졌다. 중학생 형이 내 신발을 지붕 위로 던져버렸다. 맨발로 울고 있던 나를 본 반 친구가 선생님께 알렸다.

선생님은 무심히 신발을 지붕에서 가져오라 시켰다. 교실로 돌아온 신발은, 더 이상 신발이 아니었다. 마당 한가운데 던져진 그것을 바라보며, 나는 어린 가슴에 씻을 수 없는 수치를 삼켰다.

만약 내가 그때 선생님이었다면, 조용히 불러 왜 그렇게 된 사연을 물었을 것이다. 그러나 그때의 사립학교는 부모의 힘이 지배하는 곳이었다. '치맛바람'이라는 말이 일상처럼 들렸고, 편견은 제2의 교과서였다. 선생들은 숙제하지 않은 아이의 엉덩이를 찢어 피범벅을 만들어 놓고도 당당했다.

어린 나는 숙제를 안 한 내 잘못이라고 여겼고, 부모에게는 엉덩이 다쳐서 그렇다고 거짓말을 했다. 세월이 흐르고, 길거리에서 옛날 선생님을 마주쳐도 나는 모르는 체했다. 서로 기억하고 싶지 않은 과거였을 것이다.

한 마당을 공유했던 국민학교, 중학교, 여고 건물들은 다 달랐지만, 운동장 하나는 같았다. 나는 수백 쌍의 눈길 속에서 맨발로 울었다. 여중 누나들, 여고 누나들, 그리고 우리 반 친구들까지 어린 나이에도 자존심은 부서지지 않았다.

그래서였을까 나는 구멍 난 운동화를 신고, 끝까지 다녔다. 부잣집 아이들은 부모 차를 타고 학교에 왔고 나는 찢어진 신발로 겨울바람을 막았다. 엄마에게도, 형에게 돈을 빼앗겼다는 이야기는 하지 않았다.

아침이면 여섯 형제가 전쟁처럼 나서는 집안이라, 엄마도 정신이 없었다. 내 슬픔을 알아차릴 여유 따위는 없었다. 버스 노선은 아버지가 운영했다. 같은 노선버스에서는 차비를 받지 않았다.

아버지께 신발을 보여주자, 아버지는 호탕하게 웃었다.

"넌 여태껏 이거 신고 다녔니?"

나는 끝내 형 이야기는 하지 못했다. 그렇게 얻은 용돈으로 새 운동화를 샀다. 그러고도 아버지는 별다른 반응을 보이지 않았다. 신발 얘기도, 학교 얘기도 입에 올리지 않았다.

나는 노란 교복에 빵모자, 스타킹을 신고 귀엽게 학교를 다녔다. 국민학교 졸업식에도 가지 않았다. 앨범 값과 학교비를 아버지가 내주지 않았기 때문이다.

아버지는 학교를 도둑놈 학교라 욕했고, 아무리 도와줘도 마음에 들지 않으면 단칼에 잘랐다. 어린 시절은 그렇게 삐걱거리며 흘러갔다.

세월이 흘러, 큰형이 세상을 떠났다.

형수는 좋은 사람이었다. 아픈 어린 시절에도, 형수는 주사 한 번 맞게 해주며 용돈을 쥐여주었다. 아버지 사업이 기울어 갈 때, 집안을 지탱한 것도 형수였다.

형은 부유했던 시절 혜택을 다 누렸다. 서울 대학에 유학가서 부족함 없이 살았고, 군대도 좋은 보직을 받았다. 베트남에 갔을 때는 매형 덕분에 편한 부대에 배치되었다. 그러나 인생은 비틀거리는 봄바람처럼 방향을 바꿨다. 산을 잘 타던 형은 서울 세브란스 병원에서 목디스크 수술을 받다 전신마비가 되었다. 병원은 유전이라고 둘러댔지만, 우리 집안 어디에도 그런 전례는 없었다. 형은 분노를 삼켰다.

모든 것을 포기하고, 호흡기를 끼고 살아야 했다. 법적으로 싸우자는 내 말에, 그 계통을 아는 형수는 고개를 저었다.

결국 형도 체념했다. 형은 형수와 다르게 동생들을 품지 않았다. 나는, 내 차로 그의 운전 연수와 운전기사하면서 도와주고도 계약한 급여 단 한 푼 받지 못했다. 길거리 한복판에서 그를 버리고 떠난 기억은 아직도 가슴에 무겁다.

형수는 달랐다. 형수가 아니었다면 우리 집안은 더 일찍 무너졌을지도 모른다. 형님이 돌아가신 뒤, 부모님 제사는 절에 맡겼고, 큰조카는 교회로 갔다. 이제 1년에 한 번 볼까 말까 한 남보다 먼 사이가 되어버렸다.

어릴 적 맨발로 울던 나는, 이제 세월 위를 맨발로 걷는다. 터진 운동화 한 켤레가 내 인생을 대변하는 듯, 세월은 속절없이 흘러갔다.

그러나 가끔, 오래된 운동화처럼 마음 깊은 곳에 숨어 있던 기억들이 다시금 내 발을 울린다.

파지, 그 가벼운 무게와
무거운 이야기

우리 사무실에는 늘 파지가 쌓였다. 신문을 삼사나 구독하다 보니, 한 달이면 누군가 천장에다 다닥다닥 붙여놓은 듯, 신문 더미가 허공을 밀어 올릴 기세로 자라났다. 그것은 종이의 무게였지만, 어쩌면 시간의 무게였고, 세상의 부유물 같기도 했다.

하루는, 문을 열고 들어선 한 어르신이 눈에 띄었다.

"신문 좀 얻을 수 있을까요?"

마디진 목소리가 바람에 묻혀 들려왔다. 그분은 바퀴 달린 플라스틱 널빤지에 몸을 의지하거나, 낡은 휠체어에 반쯤 묻혀 다니는 분이었다. 그의 모습은 세상과 타협하지 못한 채 끌려가는 자그마한 배 같았다. 그러나 그의 눈빛은, 빛바랜 파란 하늘처럼 맑았다. 아내는 아무 말 없이, 사무실 한쪽을 차지하고 있던 신문 더미를 모두 모아 그의 품에 안겨주었다. 어르신은 연세가 있었지만, 부지런함이 몸을 다스리는 듯했다. 쌓이고 쌓인 종이처럼, 그의 삶에도 많은 시간이 겹겹이 덧씌워졌을 것이었다.

사흘에 한 번, 아니 때로는 이틀에 한 번꼴로, 그 어르신은 나타났다 고철과 신문을 한 아름 품에 안은 채 돌아가셨다가도, 어느새 우리 사무실 앞에 조용히 우유 한 통이나 두부 한 모를 놓아두고 사라지곤 했다. 그것은 작은 선물이 아니라, 은밀한 감사였다.

우리가 "그러지 마세요" 하며 사양해도, 어르신은 "예."하고 고개를 끄덕였고, 다음에도 어김없이 작은 마음을 남겼다. 종이처럼 얇은 마음이었지만, 바람에도 흩어지지 않고 우리에게 닿았다. 그 따뜻한 교류가 이어지는 동안, 우리는 명절마다 들어오는 비누를 모아 드리기로 했다. 그러나 아내는 끝내 대답하지 않았다. 그 조용한 고개 숙임 속에 무언가 다른 이야기가 있다는 것을, 나는 그때는 몰랐다.

시간이 흐르고 어느 날, 시장에 따라갔다가 나는 문득 아내가 세면도구와 비누를 고르는 모습을 보았다. 놀라 물으니, 아내는 그제야 입을 열었다.

"다락방에 쌓여 있던 명절 선물들, 비누며 식용유며…. 몇 해 동안 모은 것, 전부 사람들에게 나눠줬어 산동네 홀몸 어른들, 어려운 이웃들에게 네가 모르는 사이에."
나는 말문이 막혔다. 쥐들이 물어뜯던 쓸모없는 물건이 아니라, 누군가의 하루를 밝히는 촛불이 되어 사라졌다는 것을 알게 된 순간, 나의 침묵은 하나의 반성문이 되었다. 버려진 것이 아니라, 다시 태어난 것이었다. 그렇게 사흘마다 오던 그 어르신이 어느 날부터 오지 않았다.

신문은 쌓여가고, 사무실 한쪽은 다시 잊힌 종이들로 무너져 갔다 고물상을 찾아가 물어봐도 다들 모른다고 했다. 세상은 늘 누군가를 놓치고 나서야 허둥댄다. 그러던 어느 날, 작은 소문처럼 들려온 소식 그분이 돌아가셨다는 얘기였다. 우리는 며칠 며칠 동안 무언의 시간을 보냈다. 말이 없는 자리마다 그 어르신의 고운 심성이 그림자처럼 내려앉았다. 부모처럼 다정했던 분, 바람처럼 가볍게 다가왔다가 어느덧 마음 한 귀퉁이를 차지했던 분 그 후로 쌓인 파지를 어쩔 수 없이 내가 리어카에 실어 고물상에 내다 팔았다.
 종이는 가벼웠지만, 리어카는 묘하게 무거웠다 한 번, 두 번, 세 번째 되는 날이었다.

고물상에서 무게를 재던 중, 고철을 싣고 온 다른 어른이 다가와 묻는다.

"보니, 파지 줍는 처지는 아닌 거 같은데…. 꼭 남의 영역까지 들어와야 해요?"

나는 아무 대꾸도 할 수 없었다. 삶의 무게를 짊어진 사람 앞에서, 나는 어설픈 장사꾼 같았다.

그 이후로는 리어카를 끄는 어른에게 파지를 모두 넘겨주었다. 내 손에 들어오는 무게보다, 그들의 삶에 필요한 무게가 더 소중하다는 걸 알게 되었기 때문이다. 그 일이 있었던 건, 지금으로부터 40년 전 시간이란, 종이처럼 바스락거리며 사라지는 것이 아니라, 조용히 쌓여가며 사람의 마음에 무늬를 새기는 것이었다. 그 무늬들은 언젠가 다 사라질 듯하지만, 문득 지나가는 바람에도 스며 있어 우리를 울리고 웃게 한다.

한 잔의 추억

　12월, 세상이 차가운 유리창처럼 서늘해질 때면 어김없이 떠오르는 기억이 있다. 먼 곳에서 들려오는 캐럴 소리에 덧입혀져, 가슴 한편이 아련하게 젖는다. 조용한 사무실, 녹록한 정적을 뚫고 전화벨이 울렸다 .
　"누구누구 계십니까?"
　낯선 듯 익숙한 목소리가 전선을 타고 건너왔다.
　"저입니다,"
　그 말끝에 숨어 있던 세월이 순간 허물어졌다. 나도 모르게 삐딱하게 앉았던 자세를 고쳐잡았다.
　"누구?" 짧은 질문에, "아!" 하는 탄성
　무려 오십 년 가까운 시간 너머, 바람에 밀려온 듯한 그 목소리 그 순간, 멈춰 있던 기억이 한꺼번에 밀려왔다. 할 말이 너무 많아, 어디서부터 꺼내야 할지 몰라 순서 없이 질문을 던졌다.

"어찌 된 거냐, 어떻게 알았냐, 어디 있었느냐"고
 결국 우린 저녁 약속을 잡았다. 소주 한 잔에 삶의 무게를 띄우듯 식사를 함께했다. 술기운이 오르고 얼굴에 붉은빛이 번질 즈음, 친구는 뜻밖의 이름을 꺼냈다.

"나, 복 단지 만났어" 그 이름이 공기 중에 맴돌았다. 순간, 오래전 눅눅한 골목길과 화려한 네온의 거리, 젊은 날의 설렘이 쏟아져 내렸다.

"복 단지" 내가 붙여준 별명이었다. 하얀 백옥 같은 피부를 가진 맏며느리 같은 동그란 얼굴 늘 바이올린을 들고 다니며 우리보다 한두 살 많은 누님 같던 그녀 거리를 환하게 밝히던 겨울의 햇살 같았다.

그때, 거리엔 사람들로 물결이 넘쳤고, 밤마다 네온과 캐럴이 하늘에 꽃비처럼 흩날렸다. 우리는 마치 둥지를 잃은 새처럼 거리를 보유했다. 대학이라는 정착을 포기하고 하얀 나비를 쫓듯 방황했다.

그 하얀 나비가, 그 소녀가, 바로 복 단지였다. 복 단지는 우리 모두의 연인이었다. 문 닫힌 어느 가게 계단에 모두 걸터앉아, 그녀가 켜주는 뜻 모를 바이올린 선율에 귀를 기울이며 손뼉을 치고 웃었다.

그때 우리는 세상이 허락한 가장 순수한 기쁨 속에 있었다. 저녁이면 우리는 말없이 모였다. 누군가 부르지 않아도 발길은 음악다방으로, 카네기 음악실로 향했다. 오백 원을 쥐여주면 콜라 한 잔과 라이브 노래를 줬다.

그곳은 세상이 우리에게 빌려준 작은 천국이었다. 그러나 모든 봄날은 언젠가 끝나기 마련이었다.

어느 날, 친구는 복 단지와 이별을 선언했다. 이유를 묻자, 친구는 슬픈 눈빛만 남긴 채 고개를 저었다. 말 대신 눈빛이 모든 것을 말해주었다. 그 겨울, 보슬비가 부슬부슬 내리던 부산 서면의 대한극장 앞 중앙대로 우리는 그들을 바라보았다. 우산도 없이 남의 눈 따위는 아랑곳하지 않고, 친구와 복 단지는 긴 이별의 입맞춤을 나눴다. 우리는 길가에 서서 장발을 휘날리며 풍기 문란을 감시하듯 지켜보았다. 젖은 아스팔트 위, 그들의 키스는 밤하늘에 오래도록 남아 흔들렸다.

떠나는 그녀는 그 시절 유행하던 말, "사랑했기에 떠난다"는 한마디를 남기고 사라졌다.

그날 밤, 우리는 소주 몇 병을 사 들고 허름한 여관방에 모였다. 술잔을 부딪치기도 전에, 우리는 울었다. 친구의 사랑이었지만, 우리 모두의 사랑이었다.

그 사랑이 우리 젊은 날의 모든 것이었다.

한 잔의 추억 2

친구와 나는 잊혀진 시간을 다시 불러내려 술 몇 병을 사 들고 호텔로 향했다. 마치 먼 길을 달려온 나그네처럼, 무거운 침묵을 등에 지고 우리는 오래된 문을 밀고 들어섰다.

방 안 공기는 벌써 옛 기억의 냄새로 가득했다가 살아온 이야기를 풀어내려 입을 열자, 얽히고설킨 시간의 실타래가 밤새도록 풀려나왔다. 친구는 어린 시절, 아버지 없이 삯바느질로 하루를 꾸려가던 어머니 곁에서 자랐다. 나와 친구들은 공부에 관심이 없었지만, 이 친구는 달랐다. 책과 함께 살아갔고, 교실의 창 너머로 달아나는 우리들과 달리, 묵묵히 교과서를 품고 있었다.

그러나 가난은 친구의 등을 꺾어버렸다. 대학이라는 이름은 그저 머나먼 신기루처럼 친구를 비껴갔다.

함께 다닐 때면, 거의 늘 내 주머니에서 돈이 나갔다. 그러나 그런 사소한 계산 따위는 우리 사이에 끼어들 수 없었다. 우리는 서로를 기댈 언덕처럼 생각했다.

　술기운이 오르자, 나는 물었다.

　"복 단지, 어떻게 다시 만났냐?"

　친구는 짧게 웃으며 털어놓았다. 우연히 서울에서 동생을 만났다고 했다. 그 조그맣던 동생이 이제는 제법 나이를 먹어, 친구를 알아보고 달려왔다는 것이다. 동생의 입을 통해 들은 소식은 오래 잠들어 있던 추억을 깨웠다.

　부산의 궁궐 같은 담벼락 앞에서, 혹시나 그녀를 다시 볼 수 있을까? 몇 날 며칠을 서성였다던 나를 동생은 멀리서 보고 있었다고 했다,

　그날의 기억도 "왜 헤어졌냐?"고 묻자, 친구는 한숨을 길게 뱉어냈다고 이야기는 생각보다 깊었다.

　그날, 집으로 찾아온 건장한 어른 둘 그들은 친구를 산으로 끌고 갔다가 찢어진 하늘 아래, 매타작이 이어졌다 두 번 다시 그녀를 만나면 죽여버리겠다는 위협과 함께 알고 보니 그녀는 고위직 집안의 딸이었다. 우리처럼 허름한 삶을 사는 이들과 엮이는 것이, 그들의 세계에선 불명예였다. 결국 그녀는 먼 서울로 유학을 떠나버렸다.

그 시절, 우리는 에뜨랑제 고고클럽을 휘젓고 다녔다. 그곳에서 처음 만난 복 단지 어깨에 바이올린을 메고, 하얀 이빨을 드러내며 웃던 그 소녀 친구의 연인이었지만, 우리는 모두 그녀를 향해 은밀한 동경을 품었었다가 그녀의 웃음은 찬란한 햇빛처럼 우리 모두를 감쌌다.

"어떻게 지냈던? 어디 살던?"

나는 묻고 또 물었다는 보고 싶었다. 그저 소식이라도 듣고 싶었다. 하지만 친구는 대답 대신 잔을 비웠다가 그저 말했다.

"너하고 가출했을 때 기억나냐? 영도 선인장여관"

나는 웃으며 끄덕였다. 담배 살 돈이 없어 쓰레기통을 뒤져 꽁초를 주워 피우던 일, 3일 굶고 또 다른 친구가 보급품 구하러 갈 사이 우리의 신조는 굶어도 옷을 세탁소 맡기던 우리가 참다못해 구멍가게에서 레인코트를 맡기고 라면땅을 가져와 물에 불려 먹던 일, 돈이 떨어져 여관비를 낼 수 없어, 3층 창문을 열고 전봇대를 타고 탈출했던 일 그 모든 기억이 세월의 먼지를 털며 선명하게 되살아났다.

"너하고 나, 참 스토리가 많다."

"너에게 신세가 많았지, 친구 너밖에 생각 안 나더라 보고 싶었어" 친구는 웃었지만, 그 웃음은 오래된 슬픔처럼 무거웠다.

그제야 친구는 조용히 말했다.

"괜히 만났어! 그냥 옛 추억으로 남겨야 했는데"

그녀는 더 이상 그 시절의 소녀가 아니었고, 친구 역시 그 시절의 소년이 아니었다. 시간이 모든 것을 바꾸어 놓았다. 추억은 손 닿으면 부서지는 얇은 유리 같았다. 나는 여전히 묻고 싶었다. 어떻게 지냈는지, 어디서 무얼 하고 있는지 하지만 친구는 더 이상 대답하지 않았다. 그저 한 잔의 술을 비우고, 말없이 창밖을 바라보았다. 그리고 한 마디, 오래 삭힌 말처럼 천천히 흘러나왔다.

"첫사랑과 옛사랑은 잊어라 가슴 속에 묻고 살아라."

그 말은, 바람을 타고 오래전 그 거리로 돌아가는 듯했다 가로등 아래, 하얀 바이올린을 매고 웃던 소녀의 모습이 아득히 떠올랐다.

그리고 우리는, 잊어야 할 것들을 품은 채 다시 각자의 삶 속으로 돌아갈 준비를 했다.

목탁, 그날의 진동

 어느 날 문득, 바람이 낡은 유리문을 밀고 들듯, 스님 한 분이 사무실로 들어섰다. 대로변에 있는 탓에 사무실은 하루에도 몇 번씩 낯선 방문을 받는다. 사람이 붐빈다는 건 때론 생기이자 번거로움이다. 필요한 사람이 올 때도 있지만, 불쑥 불청객처럼 다가오는 인연도 있다. 노인 봉사단이 기부 신청을 들고 올 때도 있고, 교회 선교사들이 불쑥 나타나 전도의 손을 내밀 때도 있다. 가방 가득 물건을 들고 다니는 행상인, 보험을 팔겠다는 정장을 입은 목소리, 부녀회에서 양로원 돕는다고 작은 상자를 든 아주머니들까지 사람들은 자신의 목적을 들고 문을 열고, 나는 그 문을 습관처럼 받아들인다.
 그들은 바람처럼 스치고, 나는 그 흔적을 바닥에 흘려둔 채 앉아 있는 나무 의자처럼 버텨낸다.

혼자 있을 땐 농담 따먹기로 시간을 흘려보내고, 어쩌면 그 사소한 시간이 나의 일상 속 휴식이었는지도 모른다. 선교하는 사람에게는 종교에 관심 많은 척하며 이리저리 말을 돌리고, 결국엔 '좋은 말씀 잘 들었습니다' 한마디로 보내버린다. 그렇게 사람들을 돌려보내고 나면, 마치 파도가 밀려간 바닷가처럼 사무실은 다시 조용해진다. 조용한 가운데 남는 것은, 누군가 다녀갔다는 미세한 온기 그것은 창문에 걸린 커튼 자락처럼 느리게 흔들리다 이내 사라진다.

그날은 내가 외근을 다녀오는 날이었다. 무거운 발걸음을 이끌고 사무실 문을 여니, 아내가 멍하니 의자에 앉아 있었다. 창밖의 빛이 책상 위를 비추는 와중에도 그녀의 눈빛은 어디에도 닿지 못한 채 떠돌고 있었다 무슨 일인가 싶어 "왜 일어났어?"라고 묻자, 그녀는 잠시 머뭇거리더니 이야기 하나를 꺼내기 시작했다.

그녀의 말은 마치 장롱 속 오래된 옷자락을 꺼내는 듯 조심스럽고, 낯설게 들렸다

"낮잠이 참 달콤했거든요 한참을 자고 있었는데… 갑자기 목탁 소리가 들리더라고요. 탁, 탁, 탁 그 소리에 눈을 떴는데, 입구에 스님이 서 계셨어요 연불을 외우고 있었고요"

그녀는 잠결에 일어난 일이 마치 다른 사람의 일인 양 낯설어 보였다. 그러나 그녀는 절실한 불교 신자였기에, 무의식적으로

몸을 일으켜 현관으로 걸어갔다고 했다. 스님의 자루에 천 원짜리 두 장을 조심스럽게 넣었다. 그 장면은 마치 제의처럼 고요했지만 그 고요는 곧 깨졌다.

  등을 돌리려던 찰나, 스님이 말했다.

  "이리 오너라"

  그 말은 단순한 부름이 아니라, 무언가를 일깨우는 주문처럼 울렸다 다시 돌아보니, 스님은 가까이 오라고 손짓했고, 그녀는 홀린 듯 다가갔다.

  "무릎을 꿇어라"

  그 말에, 마치 염주 알이 한 줄씩 풀리는 듯, 몸이 무릎을 접었다 그리고 다음 순간, 스님의 목탁이 그녀의 이마를 '탁' 하고 쳤다.

  "아미타불 관세음보살."

  그리고 스님은 연기처럼 사라졌다. 그녀는 잠에서 깬 건지, 맞은 건지, 꿈인지 현실인지 혼란스러운 표정으로 머리를 만졌다고 했다. 그 장면은 마치 구름 속에서 벼락을 맞고 떨어진 새 한 마리가 깃털을 가다듬는 것처럼 어색하고, 이상하고, 그러나 묘하게 신비로웠다. 나는 그 말을 듣고 배를 잡고 웃었다. 웃음은 단지 재미에서 터진 것이 아니었다. 그것은 불현듯 찾아온 진동에 놀란 삶의 허탈한 반응이었다.

꿈인지 현실인지 모를 황당한 이야기에, 그 웃음은 참을 수 없는 목탁처럼 터져 나왔다. 하지만 웃는 내 모습과는 대조적으로 아내는 나를 그저 바라볼 뿐이었다.

"왜 맞고 있었냐고 한마디 안 했어?"

내 물음에도, 그녀는 고개를 저으며 말했다.

"잠결에 맞아 비몽사몽 했는데, 정신 차리고 보니 스님은 사라졌더라고" 그 이야기는 단순한 해프닝이 아니라, 삶의 아이러니가 담긴 순간이었다. 스님의 목탁은 단순한 도구가 아니라, 깨달음 없는 일상의 이마를 두드린 자명종이었다. 삶은 그렇게 아무 예고 없이, 우리를 흔든다.

때로는 뜻밖의 손님이 와서, 우리 안에 잠들어 있던 기억과 신념, 미련과 슬픔을 톡 하고 건드린다. 목탁 한 번에 깨는 것은 잠뿐이 아니었다. 불현듯 떠오른 시간, 지나간 회한, 믿음과 일상의 간극, 그리고 내가 아내에게 못 해 준 어떤 마음들까지도

그날의 이야기는 웃음으로 마무리되었지만, 그 여운은 오래도록 남았다 마치 종소리가 천천히 잦아들듯, 그 목탁 소리는 내 마음속 어딘가에서 아직도 진동하고 있다. 삶의 스님은 언제, 어디서든 찾아온다. 그리고 우리에게 무릎을 꿇으라 말하고, 이마를 치며 되묻는다.

"지금, 깨어 있는가?"

우리는 그 물음 앞에서 다시 잠든 삶을 깨워야 한다. 그리고 아마, 그건 사랑하는 사람의 말 없는 눈빛 하나, 돌아선 뒷모습 하나로부터 시작될지도 모른다.

혼이 머문 산, 설악

어느 날 나는 문득, 아직도 가보지 못한 '그곳'을 생각했다 산을 좋아했고, 많은 산을 올랐지만, 설악은 늘 나와 거리를 두고 있었다. 산악 동호회 사람들은 설악의 공룡 능선, 대청봉, 천불동 계곡 이야기를 자연스럽게 꺼냈고, 나는 늘 말없이 그 자리에 머물렀다 지리산의 능선은 내게 익숙한 손등 같았지만, 설악은 마치 색동저고리를 입은 화려한 손님처럼 다가왔다.

언젠가 한 산악 선배가 말했다.

"공룡 능선 한 번 안 가보고 산을 탔다고 하지 마라"

그 말은 단지 산행의 의미를 넘어선 도전처럼 들렸다. 그래서 나는 떠났다. 새벽의 공기를 뚫고, 부산 노포에서 속초행 버스를 탔다. 밤새 달려 도착한 속초, 시간은 새벽 3시 반 편의점 앞에 앉아 삼각김밥 두 줄과 생수 한 병, 지도 한 장을 손에 쥐고 택시에 올랐다.

신흥사까지 가는 길은 아직 어둠에 잠겨 있었고, 나는 그 어둠을 향해 조용히 몸을 실었다. 신흥사에 도착해 첫걸음을 내디뎠을 때, 마등령으로 향하는 길목은 이미 절벽이었다.

처음부터 만만치 않았다. 해가 뜨기 전 어스름한 하늘 아래, 능선을 따라가는 내 발은 묵직했지만 동시에 결연했다. 가슴안에 무언가 단단한 것을 품은 채, 나는 공룡 능선을 향해 걸었다. 뒤를 돌아보니 하늘이 붉게 물들기 시작했다 해가 떠오르기 전, 붉은 기운이 천천히 능선을 스치며 산을 깨웠다.

그 순간부터 설악은 나와 대화를 시작했다. 바위는 말이 없었지만 오래된 침묵으로 조언했고 나무는 흔들림으로 수긍했다. 이 산은 소리 없는 언어로 내게 말을 걸었다.

공룡 능선에 다다랐을 때, 나는 마치 하늘로 솟은 지느러미 위를 걷는 기분이었다. 거대한 생명체의 등줄기를 타고, 돌길을 오르내리며, 나는 어느새 자기 자신과 싸우고 있었다.

고요한 새벽, 말없이 걷는 외로움은 그 자체로 고역이었다. 물론 나는 고행을 각오하고 왔지만, 예상보다 훨씬 깊은 침묵 속에서, 나는 내가 미워했던 사람들, 사랑했지만 잊혀진 얼굴들, 이루지 못한 말들과 마주했다 내 독백은 바위에 부딪히고, 나무가 그 말 없는 속삭임에 고개를 흔들었다. 어느새 하늘은 붉게 타오르고 있었다. 능선 건너 용하장성을 내려다보며, 안개가 끼인 대청봉 능선을 바라보았다. 말로 표현할 수 없는 풍경이었다. 마치 환상과 황홀이 동시에 밀려온 듯했다.

 심장은 벅차오르고, 숨이 가빠지는 순간, 그토록 꿈꾸던 산의 품에 내가 안겨 있었다. 희운각을 지나 천불동 계곡으로 내려오는 길, 그 길은 모두 돌로 되어 있었다. 계곡의 아름다움을 눈에 담았지만, 사진으로는 남기지 않았다. 그 풍경은 오직 내가 본 그 순간, 내 안에 새겨져야만 하는 것이었기 때문이다. 그렇게 14시간이 넘는 산행을 마치고, 오후 5시 무렵 나는 산을 내려왔다 돌아가는 버스에 올라탔을 때, 기사 아저씨가

 "터미널 다 왔습니다"라고 말하자, 함께 탄 배낭맨들 모두가 한목소리로 "아이구 아이구"를 외쳤다.

 어쩌면 그렇게 말이 맞춰질까 한 사람의 신음이 아닌, 공동의 탄식이 합창이 되었고, 나도 모르게 웃음이 터졌다. 속초 중앙시장에 들러 목욕을 하고 밥을 먹은 뒤, 부산에 도착한 시간은 새벽 2시였다. 그날 이후 나는 누구에게도 공룡 얘기를 쉽게 꺼내지 않았다. 다시는 설악을 향한 여정을 떠나지 않겠다고 다짐했지만, 며칠이 지나고 나니 알게 되었다. 내가 그 산에 무엇인가를 두고 왔다는 것을 내 혼의 일부가 아직 그 능선 위에 머물고 있다는 것을 바위 틈에, 안개 속에, 계곡의 물빛 아래에 이제 나는 안다.

 설악은 단지 내가 오르내린 산이 아니라, 내가 스스로를 마주한 장소였다. 그곳에서 나는 비로소 자기 자신을 놓고, 그리고 다시 데려올 줄 아는 사람이 되었다.

설악은 더 이상 두려운 대상이 아니었다. 그것은 내가 초월의 문턱에서 만난, 내 내면의 또 다른 이름이었다.

그래서 설악은 이제, 내게 영원히 돌아가고 싶은 그리움으로 남아 있다 혼을 잃고, 혼을 찾은 그 여정. 그것이 나만의 설악이었다.

촛불을 지켜다오

　우리의 젊은 날, 그 불완전한 열정과 가난 속에서도 눈부시게 빛나던 시간은 마치 거센 강물을 따라 부유하는 나뭇잎처럼, 카네기 음악실과 음악다방 사이를 떠돌았다.
　그 공간들은 단지 음료를 파는 곳이 아니었다. 그것은 우리가 현실로부터 도망쳐 들어가는 동굴이었고, 마음속 어둠을 쉬이 토해내는 환풍구였으며, 서로를 알아보고 나누는 은밀한 신호등이었다. 누구는 늘 먼저 도착해 창가 자리를 차지했고, 누구는 항상 마지막까지 남아 음악을 마무리했다. 그 자리에는 언제나 우리를 위한 자리가, 우리의 이야기를 기다리는 빈자리가 있었다.
　스마트폰도 인터넷도 없던 시절, 서로를 찾는 발걸음은 엇갈리기 쉬웠지만 그래서일까, 결국 마주쳤을 때의 그 기쁨은 기적처럼 다가왔다.

우리의 젊은 날, 그 불완전한 열정과 가난 속에서도 눈부시게 빛나던 시간은 마치 거센 강물을 따라 부유하는 나뭇잎처럼 카네기 음악실과 음악다방 사이를 떠돌았다.

　그 공간들은 단지 음료를 파는 곳이 아니었다. 그것은 우리가 현실로부터 도망쳐 들어가는 동굴이었고, 마음속 어둠을 쉬이 토해내는 환풍구였으며, 서로를 알아보고 나누는 은밀한 신호등이었다. 누구는 늘 먼저 도착해 창가 자리를 차지했고, 누구는 항상 마지막까지 남아 음악을 마무리했다. 그 자리에는 언제나 우리를 위한 자리가, 우리의 이야기를 기다리는 빈자리가 있었다. 스마트폰도 인터넷도 없던 시절, 서로를 찾는 발걸음은 엇갈리기 쉬웠지만 그래서일까, 결국 마주쳤을 때의 그 기쁨은 기적처럼 다가왔다.

　어느 날, 우리는 익숙한 무늬를 벗어나고 싶어 음악다방을 떠났다. 친구 준헌이 입을 열며 새로운 장소를 말했을 때, 바람이 방향을 틀듯 우리의 귀가 쏠렸다. 그 이름, 삼익 아파트 성처럼 들렸다. 23평이든 24평이든 숫자는 중요하지 않았다. 그곳은 우리에게 조용한 왕국이었고, 하룻밤의 궁전이었다 외국으로 떠난 작은 숙모 덕분에 열린 공간은 시간을 멈추는 마법이 깃든 방이 되었고, 우리는 그 안에서 발끝으로 음악을 밟고 손끝으로 하늘을 만졌다.

웃음은 벽에 부딪혀 메아리쳤고, 청춘은 천장을 뚫고 솟구쳤다 그날 밤도 특별해한 것 없는 평범한 밤이었다.

그러나 청춘은 늘 예고 없이 빛난다. 쓸모없는 농담과 웃음이 공기처럼 떠다니던 순간, 갑작스러운 어둠이 우리를 덮쳤다. 마치 세상이 숨을 멈춘 듯, 전등이 꺼졌고 우리는 숨을 죽였다 초를 찾았으나 없었다. 그제야 우리가 살아가는 집이 아닌, 잠시 빌린 시간이라는 것을 실감했다. 고전적이지만 공정한 방식, 가위바위보는 나를 지목했고, 나는 초를 사러 거리로 나섰다.

그런데 이상했다. 다른 집들은 모두 밝았다. 어둠은 우리만 삼켰다. 초를 들고 돌아와 창을 열자, 바깥세상은 여전히 휘황했다. 친구는 중얼거렸다.

"관리비를 못 냈나 보다"

그 말은 칼처럼 들렸다 전기가 아니라, 우리가 사회로부터 단절되었음을 알리는 신호 같았다. 촛불을 켜자, 어둠은 비로소 무늬를 얻었다. 바람은 창틈으로 들어왔지만, 촛불은 꺼지지 않았다. 오히려 그 작은 불꽃은 고요하게 춤추며, 우리가 얼마나 가난했는지를, 또 얼마나 아름다웠는지를 노래했다. 우리는 침대를 세로로 눕히고 하늘을 바라보았다. 천장이 마치 별이 없는 밤하늘 같았다. 그리고 노래를 부르기 시작했다.

조용필의 노래를 개사해 불렀다.

"그대는 왜 촛불을 켜셨나요?"

이어서 한 친구가 장난스럽게 "관리비 못 내서 켰다네"라고 응수했다. 웃음이 터졌고, 진심도 함께 터졌다.

"이 가난한 사람들의 촛불을 지켜다오"

우리 목소리는 합창이 되었고, 벽을 넘어 관리실까지 울렸다. 시끄럽다는 항의가 왔지만, 우리는 아랑곳하지 않았다. 그 순간, 우리는 세상에서 가장 빛나는 불빛 아래 있었다.

지금이었다면, 각자 돈을 조금씩 모아 공과금을 냈을 것이다. 그러나 그때는 그러지 못했다. 우리 손에는 동전 몇 개뿐이었고, 마음엔 춤과 노래뿐이었다. 가난은 우리를 움츠리게 했지만, 부끄럽게 만들지는 못했다. 돈이 없을 땐 길거리에서 담배를 나눠 피우고, 누군가 흥얼거리면 곧 춤이 이어졌다. 우리의 춤은 생존이었고, 저항이었고, 사랑이었다 손끝의 선율보다, 눈빛 속 우정이 더 뚜렷이 느껴졌다.

그래서 클럽에서도 우리는 돋보였다. 그 누구보다 더 잘 추기 때문이 아니라, 그 누구보다 더 간절하게 추었기 때문이다. 폼이라는 단어는 그 시절 우리를 입히던 유일한 옷이었다. 우리는 품위와 생명력을 생존 전략처럼 껴안고, 세상이 허락한 틈새 속으로 춤을 밀어 넣었다. 세상이 줄 수 있는 것이 많지 않았지만, 우리는 그것으로 충분히 살아냈다.

품생 품사, 우리는 그런 이름으로 청춘을 버텼다. 그 친구들은 지금 어디에 있을까 소식은 드문드문 들려온다. 누군가는 노모를 요양원이 아닌 집에서 모시고, 누군가는 유럽을 여행하며 삶을 다시 새긴다.

또 한 친구는 택배 상자를 나르며 하루를 쌓고, 어떤 이는 노조 사무실에서 퇴직을 앞두고 있다. 어떤 이는 목사가 되어, 또 다른 불빛을 지키고 있다.

그러나 그날, 그 촛불 아래 누워 있었던 우리는 모두 여전히 거기 있다 청춘이란 이름으로 그 촛불, 바람에 흔들려도 꺼지지 않았던 그 불빛은 아직 내 안에서 깜빡인다. 그것은 단순한 불이 아니라, 우리가 나눈 우정의 형상이며, 가난의 깊이만큼 찬란했던 사랑의 표식이었다. 그리고 나는 지금도, 그 불빛이 꺼지지 않기를 바란다.

친구 찾아가는 길

　어린 시절, 우리는 모두 어른이 되길 바랐다. 어른이라는 단어에는 자유와 가능성, 그리고 멋짐이 가득 담겨 있는 줄로만 알았다. 그때의 우리는 시간이라는 굴레 안에서 무한한 미래를 꿈꿨다. 그러나 지금 돌아보니, 그 소망은 찰나였고, 한 줌의 바람처럼 흩어지는 추억이었다. 완행열차처럼 느릿느릿 흐르던 인생이었는데, 어느덧 가속도가 붙은 듯 순식간에 달려온 시간 앞에서 멈춰 서게 되었다. 달리는 시간의 뒤통수를 잡을 수 있다면, 아마도 우리는 어린 시절로 다시 돌아가고 싶을 것이다.
　세월이 익어간다고들 말한다. 그러나 익음은 곧 마름이기도 하다. 매일 빠져나가는 육수는 체력의 은유요, 기억의 퇴색은 뇌세포의 이탈이다.

마주 서서 반갑게 인사를 나누며 손을 내밀지만, 입속에서 맴도는 이름 하나가 끝내 튀어나오질 않는다. 분명히 아는 얼굴인데, 낯설다. '아, 오랜만이야'라는 말은 기억의 빈틈을 메우기 위한 임시방편일 뿐이고, 상대의 이야기 속에서 겨우 잊고 있던 퍼즐 조각을 찾아 끼운다. 이름을 떠올린 순간, 나 자신에게조차 놀란다. 냉장고 문을 열고 멈춘다.

왜 열었는지 기억나지 않는다. 약봉지를 보면 다시 혼란스럽다. 먹었는지 안 먹었는지, 시간은 어디에 사라졌는가 의심은 나를 보건소로 이끌었다. 긴 기다림 끝에 만난 담당자는 밝은 얼굴로 문제지를 내민다. 유치원 아이도 풀 수 있을 듯한 문제들이지만 나에겐 술 취한 사람이 걷는 골목길처럼 삐끗거린다. 기억은 물 위의 기름처럼 흩어지고, 단어 하나는 늘 빠진 채 되돌아온다.

그러나 괜찮단다. 다음에 오면 된단다. 손에 쥐어진 파스 한 봉지와 '건강하세요'라는 말이 뼈처럼 막힌다. 나는 이제 그런 시절을 살고 있는 것이다. 예전엔 친구의 슬픔이 내 일이 아니었다. 동정이라는 이름의 거리감이 있었다.

그러나 지금은 다르다. 친구의 아픔은 곧 나의 아픔이고, 친구의 상처는 내 가슴에 맺히는 눈물이다 함께 웃고 떠들던 친구들은 하나둘 곁을 떠났고, 이젠 이름만 불러도 눈가가 젖는다. 철없던 시절엔 그 시간이 무겁다고 여겼지만, 지금은 그 시절이 얼마나 따뜻했는지를 가슴으로 느낀다. 젊은 날, 친구의 푸념은 귀찮은 잡음 같았지만, 지금은 그 말마저 소중하게 들린다 함께 아파하고, 함께 웃고 싶은 마음이 절절하게 밀려온다. 그때는 친구의 성공이 질투로 다가왔지만, 지금은 친구의 웃음이 나의 위안이고, 친구의 행복이 나의 기쁨이 되었다.

그 시절의 친구는 내 말에 손뼉 쳐주는 사람이었지만, 지금은 나의 침묵을 알아주는 사람이 좋다 함께 놀던 친구가 아니라, 함께 쉼을 주는 친구가 그립다.

세월이 가고, 손에 폰을 들 힘이 남아 있을 때, 멀리 있는 친구에게라도 전화를 걸어 안부를 나눌 수 있는 여유, 그 여유 속에서 친구는 진짜 선물이 된다. 그런 친구가 나에게 있다면 나는 이미 복을 누리는 것이다. 그리고 나 역시 누군가에게 그런 선물이기를 바란다.

요즘 들어 자꾸 친구들의 이름이 떠오른다. 나도 이제 외로움을 배워가는가 보다 총명이라는 내 안의 불씨가 꺼지기 전에, 그 이름들을 다시 불러본다.

명환아, 판암아, 판용아, 경복아 상국아, 상구야, 종길아, 외식아, 준수야 너희들이 그리워지는 날들이 잦아진다 시간의 무게만큼, 그리움도 더 단단해지는 것 같다. 내가 친구를 찾는 이 길 위에서, 나 역시 누군가에게 따뜻한 이름으로 기억되기를 소망한다. 우리가 그렇게 서로의 추억이자 선물이길 바란다.

장사의 시작

　내가 열 몇 살쯤이었을까 정확한 나이는 기억나지 않지만, 인생에서 처음으로 물건을 팔아 돈을 벌어봤던 그 여름날의 감각은 아직도 낡은 운동화처럼 내 마음 한편에 얇게 얹혀 있다.
　그 시절, 용돈이란 말은 남의 이야기 같았고, 주머니 속에는 늘 바람만 들락날락했다. 여름 방학 무렵이었던 듯하다 친구들은 모두 어딘가로 놀러 갔는지, 동네가 유난히 조용했고, 나는 방 안 구석에서 무료함을 베개 삼아 굴러다니고 있었다. 라디오에서는 흘러간 팝송이 희미하게 들리고, 나른한 햇빛은 방바닥을 비스듬히 스치고 지나갔다. 세상에서 나만 멈춰 있는 듯한 기분이었다.
　그때였다 마당 한편에서 낯선 소리가 들려왔다. 무심한 듯 무거운 발걸음과 함께 도착한 건 아버지의 지인이었다.

어깨 위로 힘겹게 걸친 커다란 마대 하나를 툭, 마당에 내려놓으며 아버지에게 말했다.

"형님, 이거 버리려니 아깝습니다. 형님이 좀 처리 좀 해주소."

아버지는 마대를 열어보며 고개를 갸웃했다. 속엔 새 운동화들이 가득했다. 번쩍이는 흰색, 뾰족한 앞코, 아직 종이조차 벗겨지지 않은 깨끗한 운동화들

"엉? 이거 새것 아이가?"

아버지가 놀라자, 지인은 어깨를 으쓱이며 말했다.

"그러니까 아깝지요 형님 놔두고 갑니다"

그렇게 툭 던지듯 말을 남기고 그는 떠났다.

하지만, 이 운동화들은 단지 겉만 새것이었다. 바닥을 살펴보니, 하나같이 손가락만 한 구멍이 뚫려 있었다. 알고 보니 미국 수출용으로 제작되었으나 클레임이 붙어 시중에 유통하지 못하게 되었고, 상품성을 없애기 위해 일부러 밑창에 구멍을 뚫은 것이라 했다. 아버지는 운동화들을 내려다보며 "이걸 어쩌라고 그냥 놓고 가노…" 하고 중얼거리셨다. 나는 무심히 쌓여 있는 운동화 더미를 바라보다가, 문득 내 마음속에서도 그 운동화처럼 한 구석이 비어 있다는 걸 느꼈다. 텅 빈 무언가를 메우고 싶었던 내 안의 충동이, 손끝으로 번졌다.

"아버지, 이거 구멍 메꾸어서 팔아보면 안 됩니까?"

나는 조심스레 물었다 아버지는 피식 웃으며 "해볼 테면 해 봐라"고 하셨다 말은 짧았지만, 그 말속에는 묘한 허락과 믿음이 함께 담겨 있었다.

나는 밤새 운동화들을 골랐다. 상태가 너무 안 좋은 것들은 걸러내고, 남은 것들의 밑창을 가위로 조심스럽게 잘라내고, 본드를 꺼내 구멍을 메꿨다. 본드 냄새에 머리가 어질어질했지만, 손놀림은 점점 익숙해졌고, 하나를 메꾸면 또 하나, 그렇게 손끝으로 작은 구멍을 메꿀 때마다 내 안의 허전함도 조금씩 덧대어지는 기분이었다. 아마도 이삼백 켤레쯤 되었을 것이다.

본드가 굳는 동안 나는 창밖 별빛을 올려다보며, 내일 장날을 조용히 상상했다. 어쩌면 그건 장사가 아니라 내 인생의 첫 무대였다.

장날이 다가오자, 나는 리어카에 그 운동화들을 싣고 시장으로 향했다. 리어카가 땅을 끌고 지나가는 소리는 마치 내 안의 용기를 끌어내는 북소리 같았다. 시장 초입, 사람들의 분주한 발걸음 사이로 나는 자리를 잡았다. 판매 가격은 한 켤레 오백 원 눈으로는 주저했지만, 손은 운동화를 만졌고, 말없이 지나던 이들도 멈춰 섰다. 사람들은 운동화가 멋지다며 관심을 보였고, 밑창의 흔적을 보지 못한 이도 있었지만, 알고도 "이 정도면 괜찮지" 하며 사 가는 사람들도 있었다. 그 한마디가 내게는 큰 응원이 되었다. 구멍 난 밑창 위에 덧댄 정성과 땀이, 비로소 '괜찮다'는 말을 듣는 순간이었다.

    그날, 세상은 내게 작지만, 확실한 손뼉을 쳐주었다. 운동화는 잘 팔렸다. 짝이 맞지 않는 것들은 하나 사면 하나 끼워주고, 그렇게 리어카는 점점 가벼워졌다. 남은 건 땀에 젖은 셔츠와 조금 두툼해진 주머니, 그리고 무엇보다 '할 수 있다'는 마음이었다. 리어카를 끌고 골목길을 올라올 때, 발은 무거웠지만 마음은 처음으로 가벼웠다. 집에 돌아오자, 아버지가 물으셨다.

    "다 팔았나?"

    나는 주머니 속 돈을 꺼내 아버지 앞에 놓았다. 아버지는 놀란 듯 웃으시며 "이놈 봐라 장사에 소질 있네" 하셨다. 그 웃음엔 내가 생각보다 괜찮은 사람이 될 수도 있다는 믿음이 담겨 있었다. 그리고 그 자리에서 아버지는 막걸리를 사시며, 신발을 가져다준 지인을 다시 찾았다.

    "운동화 더는 없나?"

    하고 묻는 아버지의 말에, 나는 마음 한편이 찡해졌다. 그 말은 어쩌면, 내 손으로 메꾼 그날의 수고와 땀이 정당했음을 인정받는 순간이었다.

아버지는 말씀하셨다.

"넌, 다음에 장사나 해라 공부하지 말고."

그 말에 섭섭하기보다 웃음이 났다. 공부보다 물건을 파는 일이 더 흥미로웠던 나였기에 그리고 이상하게도, 장날이 오면 늘 아버지가 떠오른다. 그때 마당 한쪽에 던져진 운동화 마대, 본드 냄새가 가득한 내 손, 리어카의 바퀴 소리, 그리고 막걸리 한 사발을 기울이던 아버지의 웃음까지 이제는 아버지의 자리만 비어 있고, 장날의 시장은 많이 변했지만, 내 마음속 그날의 풍경은 조금도 바래지 않는다.

구멍 난 운동화는 그저 신발이 아니었다 그것은 내 인생에서 처음으로 '무언가를 스스로 해낸' 증표였고, 아버지와 나 사이의 침묵을 이어준 접착제였다. 그 작은 구멍을 메우며 나는 나를 수선하고 있었고, 리어카를 끌며 나는 세상 속으로 조심스럽게 발을 들이고 있었다. 그날의 장사는 끝났지만, 나는 여전히 살아 있는 마음 하나를 품고 걷고 있다.

구멍 난 운동화 속에 담긴 꿈은 끝나지 않았다. 왜냐하면 그 꿈에는 아버지의 응시가, 손끝의 노동이, 그리고 내 인생의 첫 햇살이 여전히 살아 숨 쉬고 있기 때문이다. 그렇게 나는 오늘도, 인생이라는 길 위에서 한 켤레씩, 내 시간을 파는 중이다.

늙어간다는 것은

요즘은 아침마다 거울을 본다 한때는 대충 얼굴만 씻고 나와도 내가 나 같았고, '내가 어때서' 하며 지나는 얼굴에 무심했다.
하지만 지금은 다르다. 거울 속 나를 응시하는 시간이 길어졌다. 어느새 주름이 길을 내고 있고, 눈빛엔 묘한 고요가 번져 있다. 세월은 비가 새듯 머리카락 사이로, 팔자주름 아래로 조용히 흘러들어왔다. 빠져나가는 육수처럼 생기를 잃어가는 피부 위에 인생의 지도가 그려지고 있다.
처음엔 그 주름을 어떻게든 감추려 했다 크림을 바르고, 마사지기를 꺼내고, 그 길을 메워보려 안간힘을 썼다. 하지만 곧 알게 되었다 메워봤자 또 생겨나리라는 것, 주름은 막을 수 있는 이 아니라 받아들여야 하는 이름이라는 걸 그 주름마다 삶의 굴곡이 있고, 웃음도 있고, 울음도 있기에, 이제는 거울 앞에서 숨기지 않는다. 오히려 그 길을 손가락으로 쓸어보며 지나온 날을 되새긴다.

하늘을 올려다보면 내 머리 위 검은 숲도 이제는 듬성듬성 허물어지고 있다. 친구들은 분주하다 비어가는 머리숲에 약을 바르고, 심고, 덮고, 감춘다. 민둥산 같은 이마 위에 다시 숲을 키우려 애쓰는 모습은 가끔 안쓰럽지만, 어쩌면 그것도 하나의 생존 방식이다.

"왜 모자 쓰냐?" 묻는 친구에게 나는 말한다.

"조금이라도 젊어 보이고 싶어서"

모자 하나에 담긴 이 마음을 누가 다 이해할 수 있을까 그저 덧없어 보이는 몸부림일지 모르지만, 어쩌면 그것이 남은 생의 마지막 화장일지도 모른다. 우리보다 조금 먼저 태어난 선배들이 하나둘 떠나고 있다 농담처럼 말하지만, 그들이 지금쯤은 고대 철학자 소크라테스를 만나 인생의 본질에 관해 토론하고 있을지도 모른다. 하지만 남겨진 우리는 여전히 이 땅에서, 생의 현장에서, 살아간다.

'백 세 시대'라는 말을 입에 달고 사는 세상, 정작 백 세를 산다고 해도 무엇을 누릴 수 있을지, 묻고 또 묻게 된다. 현실은 차갑다 한 번 들어가면 되돌아올 수 없는 현대판 고려장이 어딘가에서 노인을 기다리는지도 모른다.

하지만 그럼에도, 여전히 우리는 버틴다 포기하지 않고, 조금씩 걸어간다.

요즘 몸이 부쩍 시원찮다. 여기저기 쑤시고, 아프고, 밤엔 잠이 든다. 그래도 아침이면 눈을 뜨고, 새벽바람을 맞으며 출근한다. 문득 그런 생각이 든다 이게 내가 꿈꾸던 인생이었을까 젊은 시절 그리던 삶의 풍경은 이런 것이 아니었다.

그러나 지금, 이 하루하루를 살아낸다는 것 자체가 이미 충분히 기적 같다. 출근길엔 몸이 무겁고 퇴근길엔 마음이 무거운데, 낡은 차에 올라 에어컨을 틀면 미지근한 바람이 부딪친다. 19년 된 자동차, 이젠 보내줘야 할 때가 왔다는 신호다. 지인의 소개로 자동차 영업사원을 만났다. 설명은 길었고, 조건은 복잡했다 내가 마음에 둔 차는 7개월 뒤에나 나온다고 했다.

계약금 십만 원을 걸어 놓고, 나는 다시 아이들에게 전화를 돌렸다.

"아빠 차 바꾸려 하는데, 어떻게 생각하니?"

아들은 돈 없다고 말했고, 딸은 자기도 차를 바꿔야 한다고 했다. 현실 앞에서 가족이 되는 일은 따뜻하면서도 조용히 단단한 벽을 느끼게 한다.

그리하여 몇 년째 손도 대지 않던 국민연금 통장을 깨고, 오래전 가입했던 노란우산 공제도 해약하고, 나머지는 할부로 처리하기로 결심했다.

마음은 쓰리지만, 어쩌랴 나를 실어줄 새 차 한 대를 위해 또 한 번 인생의 저축을 꺼낸다.

은퇴 시점은 자꾸만 늦춰지고 있다. 마음은 그만두고 싶다고 말하지만, 현실은 '아직'이라고 한다. 그래서 나는 마음속으로 또 결심한다.

"그래, 5년만 더 버텨보자" 그 5년 동안은 절대 쓰러지지 말자, 하루하루를 붙잡으며 다시 출근길에 선다. 나이가 들수록 내게 주어진 하루가 점점 무거워지지만, 그래도 오늘을 살아내는 일이야말로 이 늙은 몸이 할 수 있는 최고의 노력이라는 생각이 든다. 가끔은 누군가가 묻는다.

"당신의 소망은 무엇인가요?"

젊었을 땐 대답할 수 없었다. 너무 많아서 고르기 어려웠고, 욕심도 많았기 때문이다. 하지만 지금은 안다 내 소망은 거창한 것이 아니다. 내일도 일어날 수 있기를, 커피 한 잔을 마시며 아침 햇살을 볼 수 있기를, 낡은 차가 다시 시동 걸리기를 그리고 무엇보다도, 자식들에게 짐이 되지 않으며 내 삶을 내 두 발로 걸어갈 수 있기를 바란다.

이제 나는 안다. 늙어간다는 것은 멀어지는 것이 아니라, 삶에 가까워지는 일이라는 것을 세상의 속도를 따라잡지 못해 뒤처지는 것이 아니라, 비로소 내 속도대로 걸을 수 있게 되는 것이라는 것을 그래서 나는 오늘도 거울을 본다. 그리고 혼잣말처럼 다짐한다.

"오늘도 수고했어 내일도 잘살아 보자"

저녁의 바람이 붉어질 때까지, 나는 이 삶을 껴안고, 조용히 걸어갈 것이다. 비록 주름진 손에 남은 것이 많지 않더라도, 그 안에는 오래된 희망이 아직 따뜻하게 움츠리고 있다.

사랑의 이름으로

 사랑한다는 것은 삶을 사랑한다는 것 그러나 삶은 때때로 감당할 수 없는 무게로 다가오고, 나는 매번 누군가의 어깨에 기대어 그 무게를 잊은 채 살아왔다. 오래전부터 내게 쥐어졌던 것들—그것이 무엇이든 간에, 나는 그것을 당연하게 여겼고, 그 소중함을 깨닫지 못했다.
 마치 오래된 종이처럼 손에 쥐고 있던 것들이 바스러져 버릴 때, 나는 그것이 불에 탄 흔적이었다는 걸 알았다. 그 타고 남은 재를 조심스레 펴 보일 때마다, 바람이 분다.
 그러나 그 바람은 단순한 자연의 움직임이 아니라, 절망이라는 이름의 보이지 않는 바람이었다. 삶을 사랑한다는 것은 때로 자신을 증명해야 하는 행위다.
 지난여름, 숨이 턱턱 막히는 열대야 속에서, 당신과 나는 서로의 곁을 지키며 버텨냈다. 그 무더운 공기, 떠다니는 숨결조차도 물처럼 무겁게 우리를 짓눌렀다.

　우리는 말하지 않아도 알 수 있었다. 삶은 우리를 시험대 위에 올려두고, 아무 말 없이 견딜 수 있는지를 묻고 있었다. 눈에 보이지 않는 눈물은 마음속에 고이기 시작했고, 그 슬픔은 차곡차곡 우리의 몸속에 쌓여갔다. 당신의 아픔은 단순한 병이 아니었다. 그것은 당신 몸의 일부처럼 되어버린 슬픔이었다. 무게는 점점 더 늘어나고, 슬픔은 시간이 지날수록 육체를 짓누르는 비대한 그림자로 자라났다.

　그리고 나는, 그 모습을 지켜보며 문득 이런 생각을 하게 되었다 내 한 몸으로, 이 모든 무게를 어떻게 견디란 말인가 나는 무력했고, 당신 앞에서 한없이 작아졌다.

　그런데 그 순간, 당신은 자신의 얼굴을 두 손으로 감싸 쥐며, 삶을 부여잡는다는 것을 보여주었다. 눈부신 미소도 없었고, 사람들의 시선을 사로잡는 화려함도 없었다. 오직 평범한 얼굴과 지친 눈빛 속에서 당신은 속삭였다.

　"슬픔이 나를 아픔으로 괴롭힐지언정, 나는 이 삶과 함께 걸어가겠어 네가 나와 함께 걸어준다면, 지금 이대로 우리 계속 걸어가자"

　그 목소리는 연약했지만, 그 어떤 강철보다 단단했다. 당신은 결심한 듯, 슬픔과 아픔을 당신의 몸속으로 들였다.

그것은 마치 오랜 시간 쌓여온 외로움의 잿빛을, 자신의 숨결로 덮어주는 듯한 모습이었다. 당신은 그들을 받아들이는 것으로 사랑을 배웠고, 삶을 다시 껴안았다. 사랑은 결코 꽃잎처럼 가볍고 아름답기만 한 것이 아니었다. 그것은 상처의 끝에서 피어나는 연민이었고, 공존이라는 이름의 숨이었다.

그리고 나는 생각했다. 슬픔과 아픔이 당신의 동반자가 되었을 때, 우리는 단순한 연인이 아닌, 더 깊은 이름으로 묶이게 된다는 것을

그건 고통조차 사랑으로 변모시키는 마법 같았다. 세 개의 점이 모여 삼각이 되는 것처럼, 당신과 나, 그리고 그 고통이 하나의 형상을 만들었고, 그것은 더 이상 두렵지 않았다. 그 고통은 더 이상 단절이 아닌 연결이었다. 사랑한다는 것 그것은 삶의 모든 결을 사랑하는 것이다.

마치 짙은 밤이 있어야 새벽이 오는 것처럼, 아픔과 함께한 시간은 오히려 더 선명한 빛이 되었다. 당신은 삶의 가장 어두운 골짜기에서 피어난 꽃이었고, 나는 그 꽃의 줄기를 놓지 않기로 결심한 사람이다.

이제 나는 안다. 사랑은 견디는 것이고, 사랑은 같이 가는 것이다 무거운 갈증 속에서도 그대를 향한 마음 하나로 나아갈

수 있다면, 나는 그 모든 고통을 기꺼이 품으리라 그러니 우리, 이대로 계속 걸어가자 삶의 바람이 거세게 몰아쳐도 함께 걷는 이 길에서 당신과 나, 그리고 우리의 슬픔은 사랑이라는 이름으로 다시 태어날 것이다.

오월의 기억, 갈증의 시간

어느덧 오월이 되었다 나이가 들수록, 지금의 일보다도 문득 문득 오래된 기억들이 더 자주 떠오른다.

최근, 서점에 들러 책을 몇 권 샀다. 그중 한강의 『채식주의자』를 읽은 후, 『소년이 온다』를 펼쳐 들었다. 그런데 책장을 넘기던 도중 나는 책을 덮고 말았다. 단순한 소설이라 생각했던 이야기 속에서, 나는 나의 젊은 날과 마주했고, 과거 1980년대의 현실과 연결되면서 숨을 돌릴 수 없을 정도의 무게를 느꼈다.

나는 그 시절, 광주에 대해 잘 알지 못했다. 아니, 알지 못한 것이 아니라 왜곡된 정보 속에 있었고, 무관심 속에 머물렀다고 말해야 정확할 것이다. 그때 나는 폭도라는 단어로 그들을 기억했고, 주변에서는 전라도 사람들에 대한 편견 섞인 말들이 아무렇지 않게 오갔다.

그러던 어느 날, 우연히 길을 걷다 들어선 가톨릭 성당 안에서 사진전을 보게 되었다. 관 앞에서 오열하는 시민들, 어린아이를 안고 절규하는 어머니, 그리고 무자비하게 총을 든 군인의 모습이 내 눈앞에 펼쳐졌고, 나는 충격에 휩싸였다. 그 사진전을 계기로 나는 생각이 달라지기 시작했다.

어떤 학자의 미디어 인터뷰를 보면서, 광주와 관련된 역사의 이면을 듣게 되었고, 서쪽 사람들, 전라도 사람들의 이야기를 처음으로 귀 기울여 들었다. 학자는 삼국시대부터 지역적 불균형이 이어졌다고 했고, 경상도보다 더 비옥했던 전라도의 땅, 많은 소작인과 가난한 삶의 구조에 관해 설명했다.

이 이야기가 모두 사실인지 단언할 수는 없지만, 중요한 건 내가 지금까지 얼마나 좁은 시야 속에서 세상을 바라보았는가를 자각하게 된 것이다.

한강의 『소년이 온다』는 단지 소설이 아니었다. 그것은 죽어간 소년의 시선으로, 죽음 이후의 감정까지 끌어안은 작가의 절규였다. 피투성이의 몸으로 총을 맞은 소년이, 자신을 향한 총구와 방아쇠를 당긴 손가락, 그걸 명령한 사람의 눈동자까지 기억하려는 절절한 독백은 나를 무력하게 만들었다. 나는 잠시, 내가 그 소년이 된 듯한 착각에 사로잡혔다. 마을을 돌며 마이크를 잡고 외치던 소녀의 목소리, 그녀는 누군가의 자매였고 누군가의 딸이었을 것이다.

 나는 생각했다. 내가 만약 광주 시민이었다면, 저런 용기를 낼 수 있었을까 내 가족이 총칼에 쓰러지고 있을 때, 나는 어떻게 했을까 우리는 자주 '그때 나는 몰랐다'는 말로 회피하지만, 이제는 그 말조차 부끄러운 변명처럼 들린다.

 그리고 또 한 편의 시가 내 마음을 흔들었다. 김경환의 『갈증』이었다 단순한 목마름이 아닌, 감정의 깊은 어딘가에서 메말라가는 존재의 갈증 가슴속으로 남아 있는 상실감과 억눌린 울음을 담은 이 시는 『소년이 온다』와 맞닿아 있었다. 갈증은 물로 해갈되지 않는다. 그것은 상처 입은 과거가 남긴 기억이며, '너'라는 존재만이 채울 수 있는 그리움이었다.

 오월이면 어김없이 들려오는 '임을 위한 행진곡'은 거리와 광장에서 흘러나오고, 그것을 듣는 사람들은 자연스레 생각에 잠긴다 그날의 함성, 눈물, 피, 외침 그것들은 절대 잊히지 않는다. 하지만 동시에, 우리는 이제 용서와 화해를 말해야 한다. 무자비한 폭력과 희생의 기억은 덮어선 안 되지만, 서로를 미워하고 혐오하는 감정은 멈춰야 한다.

 기득권자들이 말하듯, 정부에서 보상을 더 받으려 한다는 시선은 억울한 죽음 앞에서 얼마나 비정한가 목숨값을 돈으로 평가할 수 없다. 살아남은 자들은 그만큼 더 따뜻해야 한다 더 많이 보듬고, 더 많이 안아야 한다. 우리는 아픈 상처에 약을 발라주며 살아가야 한다. 그 상처는 개인의 것이 아니라, 사회와 국가가 함께 짊어져야 할 몫이기 때문이다. 역사는 멀어지는 것이 아니라, 되돌아오는 것이다.

 봄이 오면, 꽃이 피고, 다시 오월이 올 것이다 그 오월을 살아가는 우리는 기억해야 한다 소년이 온다. 또다시, 소년은 올 것이다.

갈증

갈증이 났다
타오르는 목마름이
비단 얼어 붙은 속 물만으로
해갈이 될 수 없는
무거운 갈증이 어둠 속
방 안을 휘저어 가라앉는다
허전한 것
고요함에 아쉬움과 서러움
휘감기는 갈증
어두운 곳에서
어지러움 속을 헤매는
꿈을 꾼다
그리도 떠오르지 않는 얼굴이
따스하고 그리운 품 되어
다가선다
그동안 견디었던 설움
울음으로 토해 내자
뒷걸음치며 멀리 날아가 버린다

순간을 다해 친 발버둥에
차디찬 물 마셔도
가슴속 깊이 타오르는 갈증은
어둠과 침묵 속에 고스란히
남아 있는 것
그 갈증은 오직 너만이
채우며 꺼질 수 있는 것이었기에...

태극 종주

　지금으로부터 스무 해 전, 나의 삶 한복판을 지나간 그 뜨거운 산의 기록을 꺼내어 본다. 기억은 능선처럼 아득하고, 그 끝이 어딘지 알 수 없을 만큼 희미하다. 그러나 희미함 속에서도 마치 젖은 낙엽처럼 선명하게 붙어 있는 장면들이 있다. 오늘은 그 장면들 속을 더듬으며, 한 줄 한 줄 되새김질하듯 써 내려가 본다. 그때 나는 산을 사랑했고, 아니, 산에 미쳐 있었고, 산은 나를 포근하게 삼켜주던 존재였다.
　처음부터 산은 나의 것이 아니었다. 모임에서, 사람들은 하나같이 주말이면 산을 향해 떠났다. 산을 좋아한다고 말하고, 산에서 있었던 일을 이야기하는 시간이 길어지자, 어느새 나는 말없이 고립되어 있었다. 대화의 둥근 원 바깥에서 멀뚱히 앉아 있던 내게 산은 마치 닫힌 문 같았다.

그 닫힌 문을 바라보며 나는 투덜댔다.

"내려올 산을 왜 그렇게 힘들게 올라가나?"

늦게 오는 이들에게 핀잔을 주며, 나는 산을 모른다고 자부했었다 산을 모르니 자유로웠고, 산을 몰랐기에 오만했다.

그러나 운명은 늘 작은 틈으로 스며든다. 어느 날, 문득 우리 동네 뒷산에 올라보기로 했다. 양반걸음이라 불리는 느긋한 걸음으로 천천히 발을 디뎠다.

그러나 몇 발짝 못 가 숨이 차오르고, 다리는 내 무게를 견디지 못해 주저앉았다. 나는 나 자신이 그렇게 허약했는지 몰랐다. 바위 위에 걸터앉아 헐떡이며 숨을 고르던 그때, 저 아래서 누군가 올라오고 있었다. 한 줌밖에 되지 않을 듯한 조그마한 체구의 아줌마였다.

그녀는 바람처럼 조용히 내 앞을 지나쳤다. 나는 속으로 말했다. 저 정도는 내가 따라붙을 수 있겠지 다부진 결심은 이내 고집이 되었고, 나는 그 뒤통수를 보며 한 걸음, 또 한 걸음 따라 올라갔다. 그러나 정상에 도착할 때까지, 나는 그녀의 얼굴을 끝내 보지 못했다. 그녀는 마치 산의 일부처럼, 안개처럼 사라졌다.

그녀는 다른 길로 내려갔을까, 아니면 처음부터 환상이었을까 그날 이후, 내 안의 산이 자라기 시작했다. 푸른 능선 하나가 가슴 속에 박혔고, 그 능선은 나를 흔들고, 나를 울렸다. 차를 타고 이동하다 멀리 펼쳐진 산의 능선을 보면, 이유도 모른 채 눈시울이 붉어졌다. 그건 어떤 부름이었다. 어떤 회한과 그리움, 그리고 살아 있다는 감각이었다. 나는 산에 미치기 시작했다. 산은 내게 다시 숨 쉬는 법을 가르쳐주었고, 고요히 견디는 법을 알려주었다.

산행은 단순한 운동이 아니었다. 그것은 나 자신을 향한 고요한 항거였다. 출렁이는 도시의 바닥에서 벗어나, 말없이 하늘로 걷는 그 길은 고해였다. 땀은 속죄였고, 거친 숨은 삶의 답이었다.

발걸음마다 나는 내 안의 무거운 시간을 하나씩 내려놓았다. 능선을 딛고 오를 때마다, 나는 점점 더 가벼워졌다. 몸은 무겁고 숨은 거칠었지만, 마음은 고요한 호수처럼 잔잔해졌다. 그때, 나는 몰랐지만 이제야 안다.

사람은 누구나 자기만의 산이 있다는 것을 그리고 그 산은 결국 자신이 걸어야 할 길이라는 것을 남의 걸음으로는 결코 오를 수 없고, 누구의 발자국도 대신 밟아줄 수 없다. 산을 오른다는 건, 결국 자신을 마주하는 일이다.

나는 그 작은 아줌마를 따라 걸었던 그날, 내 인생의 문 하나를 연 셈이었다.

누구도 내게 강요하지 않았고, 누구도 내 손을 잡아주지 않았지만, 나는 발걸음을 내디뎠고, 그 발걸음은 나를 새로운 삶으로 이끌었다.

지금 다시 그 시절을 돌아보면, 참으로 미친 듯이 산에 빠져 있었다. 산을 오르며 울었고, 산에서 내려오며 웃었다. 그것은 오롯이 나만의 언어였고, 나만의 기도였다. 때론 눈발이 흩날리는 능선을 혼자 걷기도 했고, 때론 지는 해를 등에 지고 고요한 침묵 속을 걸었다. 모든 것은 지나가고, 나는 여전히 걸으며 산을 기억한다.

그 모든 산이 하나의 이름으로 남았다. 태극 종주 그것은 단지 하나의 코스가 아니었다 내 인생의 순례길이었고, 나라는 존재의 바닥을 확인하는 여정이었다 한 걸음 한 걸음이 생의 진심이었다. 산은 나를 바꾸었다. 아니, 산속의 나는 진짜 나였다. 그 속에서 나는 허물없이 울 수 있었고, 이유 없이 웃을 수 있었다. 그 작은 시작이, 결국 내 삶 전체를 바꾸어놓았다. 지금도 능선을 따라 흘러가는 바람을 타고, 그 시절의 내가 나를 향해 손을 흔든다.

산은 여전히 그 자리에 있다. 늘 거기 있었고, 앞으로도 그럴 것이다. 다만, 내가 조금 더 나이를 먹고, 조금 더 고요해졌을 뿐이다. 이제는 그 산을 오르는 대신, 마음속에서 산을 걷는다. 그 언젠가, 또 한 번의 태극을 품고 걷는 날을 꿈꾸며 걷는다.

태극 종주 2부

    아내와 산에 오르기로 약속한 하루 전, 우리는 작은 전초기지를 차리듯 마트에 들렀다. 가방 한구석에 넣을 초코바 하나, 비상식량 삼을 사탕 몇 알, 물통과 손쉬운 도시락을 고르는 일은 전쟁을 준비하는 병사의 마음 같았다. 토요일을 기다리는 동안, 나는 마음속 지도를 펼치고 인터넷이라는 거대한 숲속을 헤맸다 산행길을 예습하고, 지도는 복사해 주머니 속에 접어 넣었다. 낡은 나침반처럼 손때 묻은 지도를 들고, 우리는 출발을 꿈꾸었다.
    그때, 산은 내게 몇 가지 가혹한 언약을 요구했다.
    첫째, 산행은 오로지 자신과의 전투라는 것 아무리 벅찬 숨결을 토해내도, 아무도 손을 내밀어주지 않는다는 것이다.
    둘째, 부부일지라도 정상에 오를 때까지는 남남이 되어야 한다는 무정한 계율 사랑은 배낭 속에 접어 넣고, 오직 걸음만을 나란히 해야 했다.

  셋째, 둘이 오르더라도 리더는 반드시 하나여야 했다. 갈라진 길목 앞에서 주저하다 보면 산은 냉정히 길을 삼켜버린다.

  네 번째, 정상에 올랐다고 소리치지 말 것 그 작은 환호 하나에 놀란 짐승들이 고꾸라져 다리를 다칠까 염려해야 했다.

  다섯 번째, 등산잠바 하나라도 배낭 위에 대충 걸치지 말 것 산의 손가락 같은 가지들이 무심히 옷자락을 잡아채 상처를 낼 수 있었다.

  여섯 번째, 스틱을 짚고 오를 것 뿌리 깊은 나무와 흙의 미끄러움을 두 손으로 읽어야 했다.

  일곱 번째, 물은 목숨이다 초콜릿 한 조각, 사탕 한 알이 절벽 위 희망이 된다는 걸 잊지 말 것 산릉선을 걷던 어느 날, 낯선 이가 물을 구걸했다. 그때 선배는 차가운 손길로 물병을 내던진 것이 아니라, 아예 땅에 물을 쏟아버렸다. 흙은 단숨에 갈증을 삼켰고, 여인은 말없이 고개를 떨궜다. 나는 망설이지 않고 배낭을 풀어 물 한 병을 건넸다.

  산은 언제나 빈 몸으로 오르는 이들을 가혹하게 기억한다.
"물은 생명이다,"
선배는 단호히 말했다.
"빈손으로 산에 오르는 것은 산을 모욕하는 일이다"

그 말은 산의 침묵 속에서 오래도록 메아리쳤다. 아내와 함께, 우리는 친구 부부와 산에 올랐다. 그러나 지도를 쥔 내 말은 무시당했고, 부드러운 임도길을 택한 끝에 길을 잃었다.

  그날 이후 우리는 소리 없이 결심했다. 더 이상 산을 가볍게 여기지 않겠다고 우리는 친구 산악회를 따라다녔고, 등산학교를 다니는 사람들과 어울려 몸을 훈련했다. 손바닥보다 큰 바위벽에 매달려 오르는 법을 익히며, 삶의 벽에도 뿌리를 내리는 방법을 배웠다. 집 한구석엔 아직도 수백만 원어치 장비가 숨 쉬고 있다. 줄에 매달려 절벽을 오를 때의 그 짜릿한 순간 — 말보다 깊은 숨결로 기억된다. 그러나 인간의 욕망은 멈추지 않았다. 나는 다시 다른 꿈을 꾸었다. 인터넷이라는 광대한 벌판을 헤매며 '태극 종주'라는 이름을 발견했다. 거대한 태극 문양처럼, 산과 산을 이으며 종주하는 길 전화를 걸었지만, 상대는 냉정했다.

"백두대간 해봤습니까?"

"아니요"

"낙동정맥이나 지리산 종주 경험은요?"

"없습니다"

"다음 기회에 봅시다"

  뚝 끊긴 전화를 보며, 나는 잠시 손끝으로 쓰라린 벽을 더듬었다.

그러나 포기는 낯선 단어였다. 다시 길을 찾아, 어느 산악회에서 암암리에 흘러나온 소식을 들었다. 몸은 과거의 광기를 따라가지 못할지도 모른다는 걸 알면서도, 산에 미친 마음이 먼저 발끝을 움직였다. 밤을 삼켜 배낭을 멘 채, 아내와 함께 남산 지하철역에 섰다.

낡은 헤드랜턴 불빛 아래, 낯선 이들이 모여 있었다. 양산에서 주례 보훈병원까지, 야간산행이 시작되었다. 비바람이 불어왔다. 비는 크지 않았지만, 바람은 사방을 할퀴었다. 우리는 흙길을 짓이기며 걸었다. 새벽 6시를 넘기며, 성지곡 수원지에 다다랐다.

백양산 불호령 고갯길 앞, 나무 벤치에 뻗듯 누웠다. 여자들은 일어나라고 다그쳤지만, 남자들은 마른 나무처럼 뻣뻣이 누워 있었다.

"지금 포기하면, 똥 싸다 말고 옷 입는 거야"

누군가 던진 농담이 삭막한 공기를 흔들었다. 걸음은 느렸지만, 여성들의 정신력은 강철 같았다. 백양산 초입을 올려다보며, 누구도 쉬운 싸움이 아님을 직감했다. 발목과 심장은 각자의 울타리를 부수며, 불호령 고개를 기어올랐다. 오전 10시가 되기 전, 보훈병원에 도착했다. 모두가 지친 얼굴로 식탁을 둘러쌌다. 사상터미널에서 헤어질 시간, 저마다 걸음을 질질 끌었다.

그 해는 비가 잦았고, 하늘은 쉽게 성을 냈다.

벼락과 천둥이 마치 산의 노여움처럼 대지를 때렸다. 북한산 백운봉에선 번개에 맞아, 몇몇이 삶과 작별했다는 소식이 들려왔다. 산은 늘 그렇게 무심히, 살아남은 자와 떠난 자를 구분했다.

그래도 나는 안다. 산을 오르는 것은, 단순히 정상을 밟는 일이 아니다. 비틀리고, 부서지고, 다시 일어나는 일이다.

태극이란, 그렇게 끊임없이 서로를 감싸고 감기는 숨결이다. 아내와 나, 그리고 수없이 넘어졌다. 일어난 걸음들이 지금도 저 산등성이 어딘가에 조용히 쌓여 있을 것이다.

태극 종주 3부

　태극 종주의 셋째 여정은 마치 운명을 지고 걷는 사람들처럼, 사상 터미널에서 시작되었다. 그곳에 모인 이들은 여자 하나, 남자 셋. 여자의 별칭은 무심이 남자 가운데 대장은 가시나무, 그리고 나머지 둘은 졸병, 느티나무와 나, 태산이었다.
　'태산'이라는 이름은 처음부터 내 것이 아니었다. 원래 나의 애칭은 '이름 모를 소년'이었지만, 산행 가이드 속 그 이름은 아무도 불러주지 않았다.
　침묵 속에서 묻히던 이름, 아내는 그 이유를 알고 있었다.
　"그 애칭, 너무 길고 유치해서 안 불러주는 거야 그냥 태산으로 해"
　그 말에 이름을 바꾸자, 낯선 사람들조차 내 이름을 불러주기 시작했다 태산, 그 이름은 나에게 뿌리처럼 단단한 책임감을 심어주었다.

태산 씨, 배낭이에요 무심코 들었다가, 헉—하고 주저앉을 뻔했다 소고기 말린 것, 미숫가루, 4리터짜리 소주 여섯 병, 통조림 등… 거기엔 말 없는 배려인지, 침묵 속의 장난인지 알 수 없는 무게가 실려 있었다. 쌀은 또 다른 이가 들고 있었다. 우리는 사상에서 구인월까지 이동하고, 그곳에서 밥을 사서 오르기 시작했다. 뙤약볕 아래 덕 두 봉(1150m)을 향해 오르는 그 길은, 불타는 대지 위를 걷는 기분이었다.

땀이 줄줄 흐르다 멈추었고, 뒤를 돌아보니 일행들은 다 알고 있었다 아무 말 없이 나를 바라보며, 그들도 힘들다고 눈빛으로 말했다. 내심 중도하차를 생각했지만, 훗날 들은 이야기로는 만약 그만두겠다고 하면 탈출 루트까지 마련해 뒀다고 한다. 나도 끝까지 따라올 줄 몰랐다고 바래봉 샘터에서 꽁치 통조림을 꺼냈다. 그것은 내 배낭에서 나왔고, 나는 속으로 '설마 가장 무거운 걸 나한테 다 준 건 아니겠지!' 생각하며 웃어 넘겼다.

하지만 무심이는 나의 마음을 꿰뚫었다.

"태산 씨, 무게 똑같이 분배했어요"

그 말에 나는 고개를 떨구었다 마음이 들킨 것 같았다. 바래봉에서 식사를 마치고, 세걸산과 큰 고리봉을 지나 어둠과 비바람 속에 우리는 고리봉을 넘었다. 그날의 날씨는 전지훈련과도 같았다. 고리봉 위에서 내려다본 점령치의 불빛은 별처럼 아득하게 반짝였다. 도대체 어디까지 가야 하냐는 내 물음에, 무심이 돌아온 대답—"저 불빛까지 가야 돼요"

밤 9시가 되어 우리는 점령치에 도착했다. 데크 위에 자리를 잡고 판초 우의를 치자 바람이 장난이 아니었다. 스틱이고 무엇이고 다 날아가 버릴 기세였다. 피곤함에 절어 우리는 그대로 깊은 잠에 빠져들었다.

아침, 흩어진 짐을 정리하고 식사를 했다. 만복대(약 1,500m)로 향하는 길에, 정상 바위엔 페인트로 '뱀 있으니 조심'이라는 문구가 적혀 있었다. 이 높은 곳에 뱀은 무얼 먹고 살까—하는 쓸쓸한 질문이 문득 스쳐 갔다. 작은 고리봉을 지나 성삼재(1200m)에 이르니,
'아니 이 양반들이 어디서 오는거야' 하며 국립공원 직원들이 출입을 막았다.

그날, 지리산엔 300mm의 비가 쏟아지고 있었다. 우리는 말 대신 침묵을 거쳤다. 비는 단순한 기상 현상이 아니라, 우리에게 던져진 자연의 경고 같았다. 그 빗속을 뚫고 도착한 성삼재에서, 우리는 출발지를 '심원마을'이라고 말했다. 지금은 존재조차 사라진 그 마을의 이름으로, 우리는 입산을 허락받으려 했다. 성삼재 입구에서의 기다림은 뜨거운 우동 한 그릇으로 연명했다. 젖은 옷에서 김이 피어오를 때쯤, 오후가 되어야 차

단기는 올라갔다. 하지만 노고단 입구에서는 또 다른 국립공원 직원들이 우리를 막아섰다.

  연하봉 대피소에 미리 연락까지 해 두었단다. 억지로 숨어들면 그곳에서 벌금 50만 원을 부과한다고 했다.

  그 시절, 법정 구역이 아니면 입산은 불가능했다. 우리는 체념한 듯 노고단에서 하룻밤을 머물렀고, 숙식을 해결하며 입산 허가를 기다렸다. 심지어 새벽 1시에 올라가도, 직원은 어김없이 대기 중이었다. 비는 계속해서 내렸다 .멈출 줄 모르는 그 빗줄기 속에서, 우리는 천천히 다음 날을 준비했다.

  태극 종주의 여정은 그날 또다시 이어졌고, 우리는 마음속 태산 하나씩을 등에 지고 묵묵히 걷고 있었다 그 길 위에서, 우리는 비에 젖은 몸보다 더 무겁고 깊은 삶의 의미를 견디고 있었는지도 몰랐다. 구인월에서 시작한 서북 능선은 덕두봉을 지나 바래봉, 세걸산, 큰 고리봉, 정령치, 만복대를 지나 성삼재에 이르렀고, 마침내 천왕봉을 향해 걸음을 재촉하는 이 길은 단지 산을 걷는 것이 아니라, 삶의 돌출부를 가슴에 품고 가는 순례의 길이었다.

태극 종주 4부

 태극 종주의 길은 곧 한 인간의 내면을 걷는 길이기도 했다. 노고단에서 풀려난 발걸음은 오전 9시쯤, 다시 배낭의 무게를 짊어진 채 연하봉을 향해 나아갔다 그 길목, 노루목 입구에 이르러서는 잠시 숨을 고르며 반야봉을 올려다보았다.
 그러나 종주의 길은 늘 단순한 풍경을 넘지 않았다 1,700고지가 넘는 그 봉우리는, 아무리 아름다워도 다시 내려와야 하는 운명의 산이었다.
 연하봉 대피소에 도착하니 사람과 물소리, 소음과 생명들이 뒤섞여 넘쳐흘렀다. 잠시 앉아 숨을 돌리는 틈, 다시 우리는 벽소령으로 나아갔다. 바람과 안개, 빗줄기들이 한꺼번에 쏟아지는 그 능선의 길은 우리를 시험하듯 고요와 격정을 오갔다. 요즘은 예약제로 운영된다고 하지만 그 시절에는 대피소가 만석이면, 비박은 숙명이었다.

벽소령에 도착하니 대피소 내부는 어둠에 잠겨 있었다. 태풍으로 전선이 끊기고, 임시 배터리로 공간 일부를 겨우 밝히고 있었다. 방 하나 없는 현실에 우리는 산장지기에게 계단이라도 괜찮으니, 잠시만 쉬게 해달라고 사정했다.

다행히도, 산의 고독을 아는 그 산장지기는 우리를 계단으로 이끌었다 지하로 향하는 계단은 의외로 넓었고, 우리는 거기서 짐을 풀었다 식사를 마치고 잠시 눕자마자, 무심이는 깊은 잠에 빠졌다. 그녀의 거친 앓는 숨소리는 그날 짊어진 배낭의 무게만큼이나 묵직했고, 그때부터 나는 그녀를 '철의 여인'이라 불렀다.

벽소령에서 맞은 아침은 흐렸지만, 비는 그치고 있었다. 다시 발걸음을 옮겨 장터목을 향했고, 세석 대피소에서 점심을 해결했다 오르막과 내리막의 경계가 흐릿해질 만큼, 우리는 무념무상의 걸음으로 나아갔다. 장딴지는 단단해졌고, 두 다리는 이미 쇠처럼 굳어 있었다.

본디 2박 3일 계획이었던 여정은, 거센 비와 날씨 탓에 4박 5일로 늘어났다. 장터목에 도착했지만, 우리는 물 한 병만 보충하고 다시 길을 재촉했다. 통천문에서 마주친 산악회 후배 강영욱을 만났다. 형제처럼 반가웠다가 짧은 포옹과 사진 한 장, 그리고 이별, 종주고 뭐고 다 포기하고 후배와 돌아가고 싶은 심정이었다. 그렇지만 조금 떨어진 곳에서 나를 기다리는 생사

고락을 같이했던 동지들을 외면할 수 없었다. 우리는 다시 천왕봉을 향해 비바람 속을 걸었고, 정상에서 확인 사진을 남긴 뒤 바로 중봉으로 향했다. 대원사로 내려가는 길목에 놓인 철망엔 '이곳은 산행길이 아닙니다. 발각 시 벌금 50만 원'이라는 문구가 있었지만, 우리는 망설이지 않았다.

철망을 밀고 들어간 길은, 하늘이 보이지 않는 정글이었다. 시그널 하나 없이 이어지는 그 길은, 죽음을 마주할지도 모르는 침묵의 숲이었다.

하봉과 국골 삼거리를 지나 우리는 임시 야영지를 만들었다. 비닐 위에 매트를 깔고, 나뭇가지에 판초 우의를 묶어 지붕을 만들었다 계곡물로 씻고, 식사를 준비했지만, 나는 지친 몸을 그대로 눕혀버렸다 눈꺼풀이 천천히 내려앉고, 곧 일행들이 깨운다.

"일단 먹어야지"

웅석봉까지 가려면 지친다고 한다. 헤드랜턴을 켜니 하루살이 떼가 달려들었고, 결국 불을 끄고 감으로 밥을 먹었다. 식사 끝 무렵, 다시 빗방울이 떨어졌고, 우리는 침낭을 배낭 밑에 넣고 대비했지만, 나방 두 마리가 침낭 속으로 들어왔다. 짜증스럽지만, 결국 그들과 함께 잠들었다.

비는 밤새 내렸다. 머리 위 판초 지붕엔 물이 고이고, 비닐 아래엔 물길이 생겨났다. 침낭에 물이 스며들었고, 일행은 깨어났다.

"가자."

다시 짐을 꾸리고 출발했지만, 우리는 곧 길을 잃었다 .사방은 어두운 숲, 대장은 세 번의 종주 경험자였고, 무심이는 두 번이나 이 길을 걸었지만, 모두 당황했다 우리는 나뉘어 길을 찾고, 결국 산죽 사이에 닳은 시그날 하나를 발견했다.

"길을 찾는 나그네"란 문구가 희미하게 쓰여 있었다. 그 조용한 이정표가 우리를 다시길 위에 올려주었다.

계곡을 건너던 중, 굉음이 들렸다 랜턴으로도 보이지 않았지만, 건너 뒤돌아보니 그것은 폭포수 위였다. 지리산 상류의 깊은 물줄기 위를 무심코 건넌 셈이었다 비에 젖은 신발은 질벅거렸고, 우리는 결국 왕등재를 가기 전에 탈출을 결심했다. 종주 길은 알아도 탈출 길은 몰라 폭우 속에서 헤매기 시작했다.

어찌어찌해서 새재로 빠져나왔다 마을에 닿은 우리는 닭백숙을 시켜놓고, 샤워 후 잠에 빠졌다. 식당 주인의 배려로 대원사 터미널까지 차를 얻어 탔고, 우리는 그렇게 종주를 마무리했다. 사상 터미널, 철의 여인 무심이 와의 마지막 포옹에서 그녀는 울었다.

그것은 동지애였고, 전우애였으며 인간이 인간에게 할 수 있는 가장 진실한 인사였다. 이후로 그들과 다시 만난 적은 없다.

철의 여인은 49세에 대학에 입학하여, 후배들과 태극 종주를 다시 준비하고 있다고 했다. 무심이 남편은 은퇴했고, 대장 가시나무는 끝내 소식이 닿지 않았다. 종주 중, 대피소에서 아내에게 전화를 걸었다. 그녀는 그만두고 내려오라고 했지만, 나는 말했다.

"이 길은 당신에게 미안한 마음의 사죄다"

그 죗값을 걸으며, 나는 약속했다 산아, 내 발길 닿는 그날까지 함께하리라 지금은 무릎 통증에 시달리며, 옛 동무들의 소식을 전해 듣는 사람일 뿐이다. 그리고 많은 산을 다니며 우리를 구해준 그 시그널을 찾아도 보이지 않았다고 아니, 본 적이 없다.

지리산의 능선은 아직도 선명하다. 그 길은 절대 지워지지 않는다 비록 우리는 마지막 계곡에서 후퇴했지만, 그 기록은 한 생애의 불꽃처럼 남았다. 지리산은 어머니였고, 아내 같았고, 묵묵히 지켜보던 존재였다.

이제 나는 그 산을 꿈으로 살아가는 사람, 그 옛날을 품고 걷는 나그네일 뿐이다.

이사하는 날

짐을 정리하던 아침, 먼지 낀 기억 하나가 베란다 구석에서 몸을 일으켰다. 낡은 가방 하나, 세월을 견디며 구석에 웅크려 있던 존재였다. 툭 튀어나온 그 가방은 마치 시간의 장막을 걷어내듯, 손끝에 잡히자 숨죽인 과거가 한숨처럼 터져 나왔다.

별다른 기대 없이 지퍼를 열었다. 바스락거리며 튀어나오는 서류들, 먼지를 뒤집어쓴 종잇장 속에서 법정의 언어와 고소장의 문장이 삐죽삐죽 고개를 내밀었다.

나는 무심히 바닥에 주저앉았다. 삶이라는 연극의 낡은 대본처럼, 흩어진 서류들을 펼치며 과거의 장면들을 대충 훑었다.

그 순간, 거실에서 짐을 정리하던 아내의 목소리가 먼지 사이로 파고들었다.

"뭐하나, 빨리 안 하고 뭘 봅니까?"

나는 멍하니 종이들을 쳐다보며 말했다.

"응, 옛날 부도난 서류"

아내는 성가신 듯 대꾸했다.

"저번에 다 없앴다 아이가"

나는 고개를 저으며 중얼거렸다. "그건 사무실 거고, 이건 그때 소송 붙었던 거…."

아내의 얼굴이 찡그려지며 단호하게 말한다.

"빨리 없애라 그런 건 이제 필요 없다"

그러나 기억은 그렇게 쉽게 사라지지 않았다. 잊혔던 장면들이 물기 머금은 종잇장처럼 서서히 펼쳐졌다.

그 시절 우리의 피눈물은, 아마도 고놈들의 피와 살이 되어 지금쯤 잘 살고 있겠지

1980년대, 90년대 골조와 콘크리트가 하늘을 찌르던 시대 경제는 춤을 췄고 건축은 황금의 배를 띄웠다.

"돈 못 벌었다"는 말은 사치처럼 여겨지던 때였다. 나 역시 건축의 붐에 몸을 실었다.

그러나 IMF라는 한파가 몰아치자, 대들보처럼 믿었던 관계들도 무너졌다. 눈을 뜨면 법원으로 향했고, 날마다 서류 가방을 들고 법무사, 행정사, 법정을 떠돌았다 종이 위에 쏟아낸 절박함은 법의 언어로 번역되지 못했고, 정의는 늘 배 째라는 사람들의 입꼬리에 주춤거렸다. 소송에서 이겨도, 받을 길은 없었다.

상대는 재산을 숨기고, 우리에겐 도리도 없었다. 말라버린 정의는 결국 종잇장 하나로만 남았다. 사기꾼은 어디에나 있었다. 아는 거래처 사장이 소개해 준 법무사 사무장도 그랬다. 기대는 짧았고 실망은 길었다. 없는 돈을 긁어내어 내민 손은 다시 빈손으로 돌아왔다.

 좋은 시절이라 했지만, 남의 돈을 우습게 여기는 자들은 더 많았다.

 겨울이었다. 찬 바람이 얼굴을 때리고 마음마저 열릴 때, 나는 구포다리를 걸었다. 바람은 마치 세상의 거절처럼 매섭게 내 어깨를 밀었다. 다리 아래 강물은 어딘가로 흐르고 있었고, 나는 잠시 멈춰 섰다. 그 물결에 나를 던지고 싶은 충동은, 희미한 웃음과 억눌린 울음을 동시에 데려왔다.

 "지금 뛰어내리면…. 춥겠지"

 웃음과 슬픔이 뒤엉켜 따라오던 시절, 그건 삶이라는 이름의 연극에서 퇴장할 뻔한 장면이었다. 그러나 나는 무대 위에 더 오래 머물기로 했다. 아직 커튼은 닫히지 않았고, 아직 이야기는 남아 있으니까 이사하는 날, 나는 그 가방 속에서 과거의 조각들을 꺼냈다. 그것은 단지 서류가 아니었다.

 내 청춘의 부스러기, 분투의 흔적, 절망 속에서도 웃음을 놓지 않으려던 내 그림자였다. 삶은 늘 예기치 않은 곳에서 자신을 다시 꺼내 보이곤 한다.

지금 나는 다시 짐을 싼다. 그러나 이번엔 물건만이 아니라, 기억도 함께 포장한다.

  그 기억이 내게 상처였든, 교훈이었든, 모두 다 내 생의 일부였다. 그렇게 나는 오늘도, 살아 있다는 것의 무게를 짊어지고 또 한 번의 이사를 한다.

가죽 인형의 고백

요즘 들어 혼자 있는 시간이 길어졌다. 사람들의 발걸음이 멀어지고, 말이 사라진 공간에 나만 홀로 남아 있는 것 같다. 이 고요는 고립이 아니라 침묵 속에서 겨우 찾아낸 작은 자유 같다. 사무실 의자에 앉아 있노라면, 의자의 등받이에 기대는 내 몸이 마치 오래된 나무처럼 느껴진다.

그 나무는 말라가는 나이테 속에 시간을 눌러 담고, 생을 밀어낸다. 나는 그런 나무처럼, 생각이 깊어지는 시간 속에서 내 안에 자라고 있는 '늙음'이라는 가지를 더듬는다. 주위 사람들은 하나둘 내 시야에서 사라진다. 언제나 내 곁에 있을 것 같던 친구가 어느 날 갑자기 보이지 않고, 또 다른 이는 요양병원의 하얀 시트 속에 묻혀 어딘가를 기다리고 있다.

그 기다림은 도착이 아닌, 끝을 향한 고요한 예행연습이다.

그렇게 나도 알아차린다. 내게도 어김없이 다가오고 있다는 것을 시간은 내게 속삭이듯, 천천히 그러나 분명하게 말한다 준비하라고, 곧 너의 이름도 기억 저편으로 밀려날 것이라고

존재 이유를 되묻는 요즘, 신과의 대화를 상상한다. 내가 만든 상념의 시험지에 스스로 질문을 써 내려간다.
"당신은 왜 나를 만들었습니까?"라는 물음에서부터, "왜 저마다 다른 시간의 부피를 주셨나요?"라는 울림까지. 언젠가 그분 앞에 선다면 말할 것이다. 멈춰버린 심장을 다시 가동할 수 있다면, 내 안에 쌓여 있던 미움과 증오의 찌꺼기를 조용히 펼쳐놓고, 사라진 태양을 기다리겠노라고

나는 알고 있다. 삶은 가죽으로 만든 인형처럼 유한하다. 누군가 실을 끊는 순간, 무대는 닫히고 막은 내려간다. 그러나 만약 신이 그 무대 뒤편으로 나를 초대해, 뒤돌아볼 시간을 허락한다면 나는 내가 걸어온 길 위에 꽃 한 송이 피워볼 것이다.

가죽 인형은 생각보다 많은 것을 기억한다 세상의 촉감, 사람의 체온, 말없이 머물던 손의 떨림까지 내가 살아온 모든 사물과 순간들이 각자의 의미를 품고 있다는 걸 이제야 깨닫는다. 나는 그것들을 존중하리라 내가 잠시 잊었던 꿈도 다시 꿔 보리라 헛되이 흘러간 시간이 아니라, 망각이 덮어둔 희망이었다는 것을 믿고 눈을 감았다가 다시 뜰 때마다 내가 마주하는 우주는 점점 줍아진다.

그러나 그 안에서도 나는 걷고, 듣고, 맛보고, 사랑하리라 붐비는 시장 골목으로 걸어가 인간의 냄새를 들이마시고, 탱글탱글한 과일 하나를 집어 들며 세상의 단맛을 확인할 것이다. 신을 내게 살아온 삶의 반만이라도 되돌려 준다면, 나는 장미에 물을 줄 것이다 가시의 아픔을 안고 핀 붉은 꽃잎에 입을 맞추며 세상이 얼마나 아름답고 또 고통스러운지를 느낄 것이다.

그건 내 마지막 배움일지도 모른다. 나는 오랫동안 사랑을 포기하며 살아야 한다고 믿었다. 그것이 어른이 되는 길이고, 그것이 나이 든다는 것이라 여겼다.

그러나 얼마나 어리석은 생각이었는가 사랑은 포기의 대상이 아니라, 생의 가장 빛나는 열매였음을 이제야 깨닫는다. 나는 그 열매를 익히지 못한 채, 서투르게 늙어가고 있었다. 그래서 이제는 늙어가는 이들에게 말하고 싶다 죽음은 단지 나이가 들어 찾아오는 것이 아니라, 삶을 기억하지 못하게 될 때, 마음이 먼저 낡아질 때 찾아온다는 것을 육신이 아니라 정신의 노쇠가 더 먼저 찾아온다는 역설을 나는 그들에게 전하고 싶다.

인생은 많은 것들을 내게 가르쳐주었다. 모든 인간은 산 정상에서 살기를 꿈꾼다는 것을 나는 일찍이 알고 있었다. 그러나 그 꿈이 진정 무엇인지, 내가 깨달은 것은 오르고 있는 그 순간에 느낄 수 있었던 고통이었다.

정상에 도달한 찰나의 기쁨은 휘발되지만, 오르던 숨결, 걸음마다 쏟아진 땀과 망설임은 오래도록 기억된다.

그 고통을 사랑하지 않으면 삶은 너무 편편하다. 어느 날 출근길, 요양병원에 실려 가는 한 사람을 보았다. 119 사이렌 소리가 깨어나지도 못한 아침을 흔들고, 나는 그 속에서 내 친구의 얼굴을 떠올렸다. 오랜 시간 병상에 누워 세월과 버티고 있는 그 친구가, 이제는 그 병원이라는 간이역을 벗어나지 못할지도 모른다는 사실이 나를 아프게 했다.

연옥(煉獄) 그늘진 어둠 아래 반으로 갈라진 그림자를 밟고 선다. 침묵은 무겁고, 요양병원 앞 가로등은 밤마다 영혼을 맞이하듯 조용히 불을 밝힌다.

이곳은 한때 뜨겁게 살았던 그루터기들이, 생의 마지막 역을 기다리며 의례처럼 방치되는 곳이다. 무장 해제된 백전노장들, 이젠 계급도 지위도 벗어던지고 시간표 없는 대합실에 앉아 있다. 이곳은 추억이 녹아내리는 공간이다. 사랑했던 사람의 이름도, 젊은 날 외웠던 시도, 모두 서서히 희미해진다.

간병인의 목소리는 사자의 속삭임처럼 들리고, 병원 옆 철길 위를 지나는 열차의 굉음은 하루에도 수차례 들려오는 진혼곡처럼 가슴을 두드린다. 희미한 초점으로 바라보는 창밖은, 내가 지나온 세상이 맞는지 묻는다.   만약 그곳이 내가 살아온

이승이었다면 지금 이곳은 어디란 말인가 연옥은 저 멀리 있지 않다. 삶과 죽음의 경계, 그 중간 어딘가에서 유예된 존재로 남겨진 우리가 있는 바로 여기다.

세월의 멱살을 잡고 울고 싶은 밤 신의 공평함을 부정하며 속으로 욕설을 삼키는 밤 허무마저 무겁게 느껴지는 고요한 밤 낭만이 사라진 이 연옥에서, 우리는 다시 삶을 질문한다.

낭만은 없다. 그러나 질문은 여전히 살아 있다.

예비사위 보는 날

　딸이 처음으로 한 남자를 데려왔던 날, 그날의 저녁은 평소와는 조금 다른 공기로 가득 차 있었다. 하루 일찍 집에 들어오라는 너의 전화 속 말투는 들뜬 듯하면서도 조심스러웠다 문이 열리고 너는 한 남자의 옆에 섰다. 그가 인사를 하며 앉자 나는 눈을 가늘게 뜨고 천천히 바라보았다.
　처음 보는 얼굴인데, 이상하게 미운 구석이 없었다. 마치 오래된 식구처럼 마음에 자연스럽게 들어왔다. 너의 옆에 자연스레 앉은 모습이, 오래전 엄마 옆에 앉아 조심스레 말하던 내 모습을 닮아 있었다. 그렇게 너는, 어느덧 누군가의 삶으로 들어갈 준비를 하고 있었다.
　며칠 후, 너희 둘을 마주 앉히고 오래된 이야기를 들려주었다.

젊은 날 내 아버지가 엄마와 나를 불러놓고 해주시던 말씀, 그 땀 섞인 진심을 내 입으로 다시 꺼냈다. 그리고 그날 밤, 나는 산소에 홀로 올랐다.. 소주 한 잔과 말 못 했던 속마음을 아버지 앞에 내어놓았다.

"그렇게 속 썩이고 철없던 이 골통이, 이제 손녀사위를 데려왔습니다"

나도 모르게 터져 나온 울음은 긴 시간 숨겨두었던 후회와 그리움의 얼굴이었다. 그렇게 나는 아버지가 되고, 어른이 되었다.

결혼식이 끝난 후, 사람들의 웃음과 축복이 떠난 뒤, 나는 조용히 너의 방을 열었다. 아직 정리되지 않은 너의 자취들이 어지럽게 남아 있는 그 방 안은 마치 시간이 멈춰 있는 작은 성소 같았다 액세서리에 얹힌 먼지, 인형 곁에 놓인 낡은 일기장, 그리고 책상 모서리에 붙어 있던 낙서 하나 반항하던 목소리, 애교 섞인 웃음소리, 용돈 타 내던 너의 손길이 그 방 구석구석에 살아 있었다. 나는 그 방의 공기를 들이마시며 오래도록 서 있었다 사라진 것이 아니라, 남겨진 것들과 함께, 나는 다시 너를 되새겼다. 잠 못 이루던 밤, 나는 새벽이 오는 것도 잊은 채 뒤척였다. 기쁨이라고 말하기엔 너무 잔잔하고, 슬픔이라 하기엔 따뜻한 감정이 자꾸 가슴을 맴돌았다. 마치 마음속에 오래 숨겨둔 왕관을 꺼내놓는 느낌이었다.

아들 녀석이 농담처럼 말했다.

"이제 시원하시겠어요? 아빠, 누나 가도 내가 있잖아요!"

나는 웃으며 말했다.

"그래, 넌 버려야 하는 카드였고…. 너희 누나는 히든카드였지" 그렇게 농담을 건네며 나를 다독였다.

딸이 떠난 날, 나는 비로소 알았다. 너는 언제나 내 안에서 머물던, 말없이 웃던 내 삶의 공주였다는 걸 말이다.

벌써 내 나이 칠순

세월은 뒤돌아볼 틈도 주지 않은 채 숨 가쁘게 흐른다. 어느덧 내 나이 칠순, 마음속에 고요히 스며드는 말 한 줄이 있다. '나이는 못 속인다.'

언젠가 귀에 익도록 들었던 어른들 말씀, 그 말이 이제 내 몸과 마음 구석구석에서 현실이 되어 울린다. 여전히 나는 새벽 6시면 가게로 출근하고, 때론 더 이른 시각에도 거리의 어둠을 밀어내며 가게 문을 연다. 이 일이 벌써 40년 손끝의 굳은살이 세월의 무게를 기억하고, 마음속엔 수많은 고비가 뿌리처럼 엉켜 있다. 그래도 이 길을 걸으며 자식들 공부시키고, 그럭저럭 삶의 계절을 견뎌왔다.

한때 아내에게 슬며시 말을 꺼낸 적이 있다. 칠순이 되면 이 일을 내려놓겠노라고. 그 말은 오래된 약속처럼 마음에 걸려 있었지만, 정작 그 칠순이 되어도 나는 아직도 손에서 일을 놓지 못하고 있다.

어느 날 딸에게 그 이야기를 흘리듯 말했더니, "아빠, 아직 일하셔야죠" 하고 웃는다. 그 말 한마디가 내 등을 다독였는지, 어깨를 눌렀는지 모를 일이다 혼자 생각했다.

'이제 일을 그만두면 내가 쓰는 돈은 어디서 나올까?'

매번 아내에게 손을 벌리는 것도 한계가 있을 테고, 속으로는 어색한 걱정이 둥지처럼 자라났다.

예전엔 그렇게 넉넉지 않았다. 사업을 막 시작했을 때, 아내에게 생활비로 쥐꼬리만큼 주던 적이 있다. 한 달에 겨우 20만 원. 생활이 빠듯해 큰돈이 필요한 날이면, 아내는 말없이 500만 원을 내놓았다. 깜짝 놀란 내게 아내는 그 돈이 그간 모아둔 생활비라 했다. 자그마한 손으로 아끼고 아껴 모은 그 돈은, 무성한 나무 아래 고요히 자라난 믿음의 뿌리였다.

그날 이후 나는 재정의 고삐를 아내에게 맡겼다. 나는 장사의 전쟁터에서 뛰고, 아내는 그늘에서 모든 살림살이를 지탱했다. 행정서류부터 생활 속 잔돈까지, 그녀는 단 한 번도 놓치지 않았다.

어느 날 장모님 댁에 갔더니 아내의 학창 시절 물건들이 고이 보관되어 있었다. 성적표 하나, 다이어리 하나에도 지난 삶의 정갈함이 묻어났다. 여고 시절 전교 6등. 아이들은 그걸 보고 감탄했고, 나는 무게만 실은 얼굴로 고개를 끄덕였다. 속으로는 고개를 숙였지만 말이다. 그런 아내였기에 나는 안심했고, 가정은 큰 동요 없이 흘러왔다.

그러나 딸이 시집가던 해, 아내는 내 마음에 작은 금을 남겼다. 아무런 준비 없이 딸을 보내려는 듯한 그녀에게, 나는 속상함을 느꼈다. 생활의 모든 것을 맡겼기에 기대가 있었고, 그 기대가 실망으로 번졌을 때 말문이 막혀버렸다. 하지만 딸은 스스로 잘 준비해 두었다.

아내가 말하길, "김서방 없어도 내 돈으로 산다" 하더란다. 그 말에서 느껴진 것은 아내의 단단함이었고, 나는 그 단단함에 고마우면서도 왠지 모를 거리감을 느꼈다. 사위 집안은 겉으론 소박했으나 뒤에 흐르는 강물은 깊었다. 도로변에 방치된 집을 수리하고, 가전제품을 들여주고, 청담동에서 예물시계를 골랐다. 아내와 나는 조용히 그들의 새로운 삶을 준비했다.

그 결과, 사위의 할아버지는 우리에게 예단비라며 오천만 원을 건넸고, 나는 그 손길에서 진심을 읽었다. 결혼식 날, 하객은 넘쳐났고, 그날 아내도 잠시 할 말을 잃었을 것이다. 내 손님으로 북적인 예식장은 우리 부부의 지난 세월을 증명하듯 환했다.

우리는 늘 그렇게 살아왔다. 가진 것 많지 않아도, 손 내밀지 않고, 남에게 아쉬운 소리 하지 않으며 그러나 지금 나는 문득, 일을 멈추면 무엇을 해야 할지 고민한다. 마음은 그만두고 싶지만, 아내 말대로 아직 때가 아니라는 생각도 든다.

친구들은 말한다 일을 놓는 순간부터 노쇠는 시작된다고. 생각해 보니 일은 내 호흡이자 생활의 리듬이다. 장사는 내 손끝의 체온이자 세상과 닿는 나의 창이었다. 요즘은 길을 걷다 문득 로또를 사기도 한다 혹여나, 로또가 내 노후를 자유롭게 해주지는 않을까 기대하며

하지만 사실, 나는 알고 있다. 진짜 복권은 이미 내 곁에 있었다. 한결같이 묵묵히 가정을 지켜온 아내, 나를 지켜보며 자라난 아이들, 그리고 지금, 이 순간도 하루를 열며 마주하는 내 가게 문짝 하나까지 나는 여전히, 이 삶이라는 밭에 씨를 뿌리는 중이다. 그리고 그 밭은, 내가 칠순의 이랑을 지나 일흔한 번째 아침에도 햇살처럼 걸어가게 해줄 것이다.

홀로 된다는 것은

 나는 오십 중반이 되어 처음으로 홀로 사는 법을 배워야 했다. 아내가 서울로 오르내리기 시작했을 때, 솔직히 나는 내심 들떴다. 야호, 하고 외치며 비어 있는 집안 공간을 내 마음대로 누리라 기대했다.

 그러나 그 호기심과 들뜬 마음도 오래가지 않았다. 며칠 지나지 않아 텅 빈 집 안에 혼자 서 있는 나 자신을 마주하고는 괜스레 시무룩해졌다. 언제나 함께 출퇴근하던 것이 어느 날부턴가 혼자가 되었고, 퇴근 후 불 꺼진 거실을 마주하며 저녁을 차려 먹는 일은 생각보다 큰 고역이 되었다. 처음에는 식당을 찾아다니며 혼자 밥을 먹었고, 식욕이 돌지 않을 때면 차를 몰고 다니다가 붕어빵이나 호떡을 사서 간단히 허기를 때우기도 했다. 런 불규칙한 식습관이 쌓이며 몸이 반응하기 시작했다.

당수치가 올랐고, 이미 담배를 끊은 지 오래였지만 당뇨병이 찾아왔다. 유전적 요인도 있겠지만, 나 스스로 관리하지 못한 탓이 컸다. 아내는 점점 수도권 사업이 바빠졌고, 내려오는 횟수도 줄어들었다. 자연히 식사는 내 손으로 해결해야 했다.

처음 압력밥솥을 다룰 때는 웃지 못할 실수를 했다 쌀을 씻고 물을 맞춰 넣은 뒤 전기를 꽂았지만, 몇 시간이 지나도 밥이 완성되지 않았다 알고 보니 뚜껑을 잠그지도, 시작 버튼을 누르지도 않았다 세탁기도, 청소기도, 집안의 모든 것들이 낯설었다. 부부로 함께 살 때는 몰랐던 설거지조차 손에 익지 않았고, 손톱과 발톱을 깎는 일조차 어색했다. 시장에 나가 속옷과 양말을 사고 오면서 눈물이 났던 날도 있다.

오천 원에 양말 열 켤레, 만 원에 팬티 다섯 장을 사서 흐뭇해했지만, 입어보니 몇 번 쓰지도 못하고 버려야 할 정도였다. 내 평생, 처음 사본 물건들이었기에 서툴 수밖에 없었다. 친구들이나 산악회 모임에 가면 내 사정을 아는 이들이 남는 반찬거리며 밑반찬을 싸주곤 했다.

오래간만에 재래시장을 둘러보면, 반찬 가게 할머니, 채소 장사 아주머니, 과일 장수 아저씨들이 왜 요즘 안 보였냐며 반갑게 인사했다. 혼자 시장을 보는 걸 아는지라, 지나가다 커피 한 잔을 뽑아주는 이도 생겼다. 그래도 혼자 있다는 것은, 항상 외로움과 고독을 동반했다.

어느 날, 친구의 전화가 걸려 왔다 그 목소리에는 놀람도 슬픔도 담겨 있지 않았다. 그저 담담하게, 선배가 홀로 세상을 떠났다는 소식을 전해왔다 나는 고개를 끄떡이며 그 말을 들었다.

어느새 이런 이야기가 뉴스처럼, 소문처럼, 삶의 어딘가를 메우게 되었나 일주일이 지나고, 후배가 선배 집을 찾아가서야 일이 알려졌다고 했다. 그 이야기를 듣고, 나는 딸과 아들에게 전화를 걸어 장난 반 진심 반으로 말했다

"야, 내가 전화 안 받으면 고독사 한 줄 알아라"

아이들은 웃으며, 쓸데없는 소리 말라며 오히려 전화를 자주 걸어오고, 가게에도 자주 들르기 시작했다. 친구들에게도 똑같이 말했다.

"전화 안 받으면 그리 알아라"

그런데 어느 날, 전화를 받지 못한 일이 있었다. 한참 뒤 누군가 경비실에 전화했고, 경비 아저씨가 우리 집 문을 두드렸다. 처음에는 옆집이 늦게까지 공사를 하나 싶었는데, 아저씨가 인터폰도 안 되고 전화도 안 된다며 문을 두드리다 못해 119를 부를 뻔했다.

"왜 그러세요, 집에 있는데" 그렇게 문을 열자, 아저씨가 안도했다 말이라는 게 무섭다. 그냥 웃으며 지나칠 일도, 누군가에게는 절박한 상황처럼 들릴 수 있음을 그날 뼈저리게 느꼈다.

어느 날, 아들이 서울에서 내려왔다. 몇 년을 베트남에서 근무하다 외로움에 지쳐 서울로 돌아갔고, 그곳에서 직장 생활을 하다 다리를 다쳐 잠시 쉬러 내려온 것이었다. 아들이 도착한 날, 나는 닦아둔 레시피를 꺼내 떡볶이, 된장국, 콩나물국을 만들어 주었다. 아들은 맛있다며 연신 밥을 먹었다.

"인마, 너는 장가 안 갈래?"

농담 반 진담 반으로 물었더니, 지인이 소개해 준 아가씨를 만나고는 "자기 스타일이 아니다"며 거절했다.

나는 속으로 혀를 찼다. 잘난 것도 없는 녀석이 뭘 따지는지

"인마, 내 생애 최고의 실패작이 너희 엄마 만난 거야. 그러니 너 같은 놈이 생긴 거지"

그렇게 투덜거렸지만, 아들은 웃으며 "아빠는 겉과 속이 다르다"며 내 마음을 꿰뚫었다. 사실 아들이 집에 오면 나는 입가에 미소를 감추지 못했다. 서울로 돌아가는 날, 아들에게서 문자가 왔다.

"아빠, 임플란트하세요"

그리고 통장에는 몇백만 원이 송금되어 있었다. 치과에 가서 이빨을 뽑는 기계음이 들릴 때, 나는 이상하게도 그 거친 소리가 색소폰의 부드러운 음률처럼 들렸다. 이 이상한 감정은 무엇일까 홀로 선다는 것은, 아프고 고독한 일이지만, 그 고독 속에서도 여전히 따뜻한 사랑이 흐르고 있었다.

아버지의 노래

아버지가 세상을 떠난 후, 가장 깊은 슬픔 속에 잠긴 이는 내 동생이었다. 삶은 참 모질게도 누구에게는 이별을, 누구에게는 그 이별 이후의 시간을 각각 다르게 나눠준다. 동생은 슬픔의 물기를 온몸에 두르고, 우울증이라는 이름 없는 무게를 오래도록 짊어지고 살았다. 어머니는 그런 동생을 지켜보며 어느 날 굿을 하자고 말씀하셨다. 천도재였는지, 아니면 무언가의 해원을 위한 굿이었는지는 정확히 몰랐지만, 어쨌든 돌아가신 아버지를 위로하고, 남은 이들의 마음을 덜어내기 위한 의식이었다.

동생은 평생 부모님 곁을 지켰다. 늙은 두 어른을 모시며 아침마다 약을 챙기고, 저녁이면 말동무가 되어드리던 아들이었다.

그런 그에게도 젊은 날이 있었고, 불같은 신념이 있었다. 학창 시절, 그는 민주화 운동에 뛰어들어 거리로 나섰다.

어머니는 울며 붙잡았고, 아버지는 말없이 담배만 태우셨다. "계란으로 바위 친다"는 아버지의 말에는 시대를 꿰뚫는 현실감과 동시에 아들을 향한 걱정이 절절히 묻어 있었다. 그 시절 동생은 자신이 옳다고 믿는 것을 향해 나아갔고, 집에는 거의 발길을 끊었다.

이후로 들려온 이야기는 숨겨진 고백처럼 나중에야 조심스럽게 풀렸다. 공작기관 사람들이 그를 찾아와 학생 조직을 넘기면 안정된 자리를 보장하겠다는 제안을 했고, 동생은 단호하게 거절했다. 믿었던 동지들을 넘기는 일은 스스로의 신념을 내던지는 일이라며, 그는 스스로 어둠 속으로 숨었다.

한편, 또 한 명의 동생은 서울 법대를 다니며 오직 공부만 했다. 데모 대신 도서관을 택했고, 결국 사법고시에 합격해 검찰에 몸을 담았다. 한 형제는 신념을 위해 거리로 나섰고, 또 다른 형제는 현실을 택해 관료가 되었다. 아버지께서 살아 계셨다면 두 사람 모두를 이해하고, 각각의 삶을 품어주셨을 것이다.

굿 날이 되자, 나는 가게 문을 닫고 정해진 장소로 향했다. 오전 아홉 시부터 시작된 굿은 북소리와 징 소리에 맞춰 끝없이 이어졌다. 나는 처음에는 무심히 바라보다가, 나중에는 졸음을 이기지 못하고 깜빡 잠이 들었다. 그런데 오후 네 시쯤, 문득 아버지의 목소리가 들렸다 가슴 깊숙이 울려 퍼지는 그 음성은 너무도 또렷했다. 무당이 노래를 부르고 있었지만, 그건 분명 아버지의 18번이었다.

 나는 눈을 떴고, 그 순간 모든 감각이 멈춘 듯한 정적 속에서 아버지의 생전 모습이 떠올랐다. 무당은 마치 아버지가 빙의된 듯 몸을 비틀며 어머니에게 다가갔다.

 아버지의 목소리로, "당신, 내가 남긴 돈으로 지금 굿하고 있는가?" 하고 따졌다. 그 말에 나는 번쩍 정신이 들었다.

 '어머니에게 정말 돈이 있었을까?'

 무당의 입을 빌린 그 목소리는 아버지의 오래된 걱정, 남겨질 어머니에 대한 근심, 그리고 생전 말하지 못했던 유언처럼 들렸다. 어머니는 아무 말 없이 고개를 숙이고 있었다.

 그날 이후 어머니는 그 통장 이야기를 꺼내지 않았다. 형제들 누구도 깊게 묻지 않았다. 마치 그날 무당의 말이 마지막이었던 것처럼

 우리 어머니는 그런 분이었다. 가진 것이 있으면 다 퍼주는 사람 누가 김치가 맛있다 하면 통째로 내어주고, 젓갈이 맛있다 하면 항아리째 비워주는 분 노인정에서 사기꾼 같은 이들이 휴지 한 박스 주며 돈을 뜯어 갈 때도, 의심 없이 쥐고 있던 돈

을 내어주는 사람 그래서 나는 지금도 믿는다. 그런 어머니는 반드시 천국에 계시리라고. 아버지는 생전 일본에서 젊은 날을 보내셨고, 돌아가시기 전 마지막으로 그곳을 다시 가고 싶다고 하셨다. 형제들이 마음을 모아 아버지를 보내드렸고, 아버지는 그 시절을 지켜보던 고목 아래서 오래도록 서 있었다고 했다.

마치 잊고 있던 시간을 다시 되짚어보듯이 어머니는 우리보다 훨씬 더 많은 세상을 보고 오신 분이었다. 하와이, 미국 본토, 태국, 유럽…. 어느 곳도 마다하지 않았다. 나이 일흔을 넘겨 혼자 비행기를 갈아타고 나이아가라 폭포까지 다녀오신 분

엄마의 무용담을 들을 때면 우리 어릴 적, 서면 문화주택 시절이 떠오르곤 한다. 마당은 커서 여름이면 뱀과 쥐가 어슬렁거렸다.

그 당시 옆집에 나훈아 첫 부인 누나 친구가 살았다. 고은아 배우의 조카였다. 엄마는 단순히 아름다운 얼굴만 가진 분이 아니었다 성품까지 곱고 넉넉하셨다. 그래서 동네 어른들은 지금도 말한다.

"그런 엄마는 다시 없을 거야."

나는 그 말을 들을 때마다 가슴 한쪽이 따뜻해진다. 아버지의 노래는 그날 이후 다시 들을 수 없었지만, 어머니의 마음은 지금도 내 안에서, 가만히 숨 쉬고 있다.

때때로 아버지의 노래가 바람처럼 스치면, 나는 눈을 감고 기억을 부른다. 아버지의 음성, 어머니의 손길, 그리고 우리 가족이 살아낸 그 시절의 숨결을 듣는다.

벌초

 허리가 아프면 다리까지 저리다던 지인의 말이 있었다. 그 말은 마치 오래된 지하수처럼 내 기억 속에서 솟구쳐 올라왔다. 나는 그의 말을 듣자마자 무심코 "얼마나 아픈데요?"라고 물었지만, 그 순간 내게도 오래전에 느꼈던 묵직한 고통의 기억이 슬그머니 고개를 들었다.

 기억은 묘하다. 아픔은 시간이 지나면 잊히는 법이건만, 묘한 계기로 다시 떠오르면 그날의 공기, 그날의 냄새까지도 생생히 되살아난다.
 그해 가을, 명절을 앞두고 일가친척들이 모여 벌초하기로 했다. 산소가 여러 기라 사람들을 나눠 각자 맡은 곳으로 흩어졌다. 나는 처음 따라나선 자리라 어색한 마음에 형님의 뒤를 따랐다.

다섯 살짜리 아들도 따라붙었다. 우리가 향한 묘는 군부대 안쪽에 있어 허가를 받고 들어가야 했다. 아무리 지도와 기억을 동원해도 풀숲 속의 작은 비석 하나를 찾는 일은, 이끼 낀 돌 속에 숨겨진 시간을 더듬는 것과 같았다.

몇 년 만에 찾는 산소는 사람 키를 훌쩍 넘는 풀들로 뒤덮여 있었다 길이라 부를 만한 자취도 없었다. 숲은 우리가 들이민 발길을 이질적인 것으로 여겼는지, 매번 가지와 잎들로 우리를 밀쳐내며 길을 허락하지 않았다. 나는 그때 처음 보았다. 내게는 낯설기만 한, 아버지의 아버지의 두 번째 부인의 묘 피 한 방울 섞이지 않은 생전의 인연은커녕, 사진 한 장 본 적 없는 두 번째 할머니의 산소였다. 벌초가 끝나고 형님과 나는 땀에 절어 있었다. 장마를 맞은 논처럼 온몸이 흠뻑 젖었다.

'어디 시원한 계곡이라도 있었으면 그 물에 얼굴을 담가 땀을 씻어낼 텐데'

나는 혼잣말로 궁시렁대며 형님을 따라 산길을 내려왔다. 묘는 정갈해졌고, 풀들은 짧은 생을 뒤로하고 바닥에 누웠다. 나는 형님께 물었다.

"여기, 매년 오십니까? 찾기도 어렵고 너무 깊잖아요"

형님은 말없이 절을 올리다, 나의 말을 듣고 비석 앞에서 눈살을 찌푸렸다. "이놈아, 묘 앞에서 할 말이 있고 안 할 말이 있다. 아무리 힘들어도 여긴 와야지" 그 말에 나는 말없이 절을 따라 올렸다.

그 한마디는 묘비보다도 무겁게 가슴에 새겨졌다. 명절 이틀 전, 새벽녘에 나는 몸을 일으키려다 느꼈다. 허리 아래로 전혀 움직일 수가 없었다. 마치 땅이 나를 끌어당기는 것처럼, 척추 아래로는 어떤 신호도 오지 않았다. 고통은 말할 수 없이 컸고, 엎드릴 수도 뒤로 젖힐 수도 없어 거실로 질질 끌려 나갔다.

소파에 기대 앉은 모습은 거의 폐허처럼 무너진 건물의 잔해 같았다. 아내는 그날 아침 아무 말 없이 부엌에서 그릇 소리를 냈다. 전날 다툼이 있어 말을 꺼내기가 어려웠기에 나는 소리를 내어 "밥 좀 차려줄 수 있겠나"라고 했다.

아내는 냉랭한 목소리로 "어젯밤엔 안 아프더니?"라며 비꼬았다.

열 살 된 딸아이까지 "어제 아빠 술 냄새 났는데?"라며 한마디 거든다. 나는 그 말이 찔러 들어오는 송곳처럼 날카롭게 느껴졌다. 결국, 아내는 제사음식 가기 전 물 말은 밥 한 그릇과 김치 한 조각을 쟁반에 얹어놓고 현관문을 닫았다. 남겨진 나는 그 쟁반 앞에서 멍하니 앉았다. 그것은 밥이 아니라 삶의 무게였다. 개밥이라는 단어가 머릿속을 스쳤고, 눈물이 날 뻔했다. 그 순간 문득 떠오른 말, "기적은 하늘을 나는 것이 아니라 땅 위로 걷는 것이다" 걷는다는 당연한 일이 이렇게 불가능해질 수 있음을 그제야 실감했다.

나는 침묵 속에서 하루를 보냈다.

아무도 나에게 연락하지 않았고, 가족들은 명절 음식 준비와 제사 참석으로 바빴다. 나는 소파 위의 유령처럼 존재감을 지우고 누워 있었다.

다음 날, 마침내 장모님께 전화를 걸어 진통제가 있는지 물었다. 장모님은 걱정스런 목소리로 "독한 약인데 괜찮겠나?"라며 보내주겠다고 했다. 아이들을 심부름으로 보내려 했지만, 아내가 대신 약을 받으러 갔다. 나는 그 진통제로 하루하루 견디며 버텨냈다. 의지할 수 있는 건 약과 시간뿐이었다. 연휴가 끝나고 병원을 찾았다. 의사는 이상이 없다 했다 CT도, MRI도 모두 정상이었다. 나는 그게 더 두려웠다. 이렇게 아픈데, 왜 아픈지를 모르겠다는 것은 존재의 균열을 증명하는 듯했다.

결국, 물리치료와 하천부지 산책을 권유받았다. 나는 허리를 구부정하게 세우고 조금씩 걷기 시작했다. 처음엔 천 보, 이천 보, 하루하루 늘려가며 마치 무너진 탑을 다시 세우듯 몸을 되살려갔다.

세 달이 지나자 허리가 조금씩 펴지기 시작했다. 고통의 터널 끝에서 다시 걷는 기적을 맞이한 것이다. 그날 밤, 아들이 조용히 내 방에 들어와 물었다.

"아빠, 저번에 할머니 산소에서 이상한 말 해서 큰아빠한테 혼났지? 혹시 할머니가 벌준 거 아니야?"

나는 그 말에 온몸이 오싹해졌다.

아이의 말은 단순한 농담이 아닌 깊은 죄책감과 무의식의 찔림이었고, 그 순간 나는 다시 허리를 조심스레 세웠다.

소똥

　도시 소년의 하루는 소똥 한 덩이에서 시작되었다. 학교수업을 마치고 극장에 간다는 친구들의 말이 마치 유리창 너머의 풍경처럼 멀게 느껴지던 날, 주머니 속의 공허함을 만지작거리며 집으로 돌아오던 길이었다. 아무런 소리도 나지 않던 하늘을 올려다보다 문득 떠오른 건, 소똥을 모르게 밟으면 재수가 좋다는 어른들의 낡은 속설이었다.
　그 말은 어쩐지 그날따라 구체적인 기도처럼 느껴졌다. 가슴 깊이 소망 하나를 숨기고, 그는 길가에 널려 있던 소똥을 하늘 보며 조심스럽게 밟았다. 어찌 보면 한 발짝의 용기, 어찌 보면 어린 소년의 가난한 소망의 발버둥이었다.
　그 시절, 도시는 말과 소가 달리던 시간의 골목이었다. 마차와 소구루마가 지나가던 길 위에는 말똥과 소똥이 꽃처럼 흩뿌려졌고, 그건 그 동네 사람들의 하루와 다르지 않았다. 허기진 마음으로 소똥을 밟은 소년은 어느새 현관 앞에 도착해 있었다. 희미하게 풍겨오는 냄새가 발끝에서 코끝까지 올라왔고, 집안은 고요했다. 사람도 소리도 없는 그 정적 속에서, 미싱 위에 덩그러니 놓인 지갑 하나가 시야에 들어왔다. 어린 소년은 마치 지갑이 자신을 부르는 듯한 느낌에 이끌려 다가갔다.

 지갑은 지친 어른의 숨결처럼 낡고 무거웠다. 그 안에서 백 원과 오십 원 지폐가 꾸깃꾸깃 접혀 있었다. 소년은 손끝으로 그 지폐 한 장을 꺼냈다. 그것은 단순한 돈이 아니었다. 그의 눈에, 그것은 방금 밟은 소똥이 기적처럼 낳은 열매였고, 세상에 처음 건네받는 기회의 문턱이었다.

 극장 앞으로 달려갔다 명성극장이었을 것이다. 극장 앞에는 군것질 냄새가 가득했고, 소년은 그 중 장어껍질 묵을 초장에 찍어 먹으며 어쩐지 큰 부자가 된 기분이었다. 친구들이 나타났고, 그가 군것질을 사주자, 모두가 환호했다.

 그 순간, 소년은 소똥의 냄새마저도 고마웠다. 영화는 잘 기억나지 않지만, 용가리였는지 불가사리였는지, 입에서 불을 뿜던 괴물만 또렷하다. 그것은 아이들의 상상력처럼 크고 무서운, 그러나 동시에 기대 가득한 세계였다.

 그러나 환상은 오래 가지 않았다. 해가 저물 무렵, 어딘가에서 익숙한 그림자가 다가왔다 엄마였다. 그는 반가운 마음에 달려갔지만, 천사 같은 엄마의 얼굴은 집에 오니 천천히 불가사리처럼 변하기 시작했다. 입에서 타오르던 불은 분노였고, 소년의 귀와 등, 엉덩이를 향해 타작이 이어졌다 몽둥이는 그날의 잘못을 향한 심판이었지만, 소년에게는 세상에서 가장 높은 관심처럼 느껴졌다. 주머니 속에는 남은 오십 원도 없었다. 가족은 마당 끝에서 지붕 위 닭처다 보듯 고개를 쳐들고 그 장면을 지켜보았다.

밤이 되자, 엄마는 조용히 와서 약을 발라주었다. 말없이, 그러나 세상 누구보다 다정하게 피멍 든 장딴지에 발라진 약보다 더 오래 남은 건, 그 손길의 체온이었다. 타작하던 그 손이 다시 소년의 등을 토닥였을 때, 그는 사랑이란 원래 그렇게 울고 웃는 것임을 알았다.

그리고 지금, 수십 년의 세월이 흘러 깊은 밤 꿈결 속에서 그는 그날의 기억을 되새긴다. 엄마와 아내가 함께 탄 차 안에서, 그는 그들의 손등에 얼굴을 비비며 울었다 손등에 남은 따뜻한 촉감은, 오래전 소똥 위에 흘러내린 눈물과도 같았다. 그건 비루한 현실 속에서 핀 한 송이의 사랑이었다. 소똥은 그저 냄새 나는 존재가 아니었다. 그것은 꿈의 시작이자 성장의 흔적이었다. 그날의 개운치 않은 냄새가 지금도 가슴 한편에서 뿌연 향수처럼 피어오른다. 소년은 어른이 되었고, 소똥은 여전히 그를 길 위에서 지켜보고 있다 냄새보다 진한 기억으로 남았다.

약닭

우리 집 앞마당은 마치 잊힌 들판처럼, 탁 트인 운동장 같은 땅이었다. 햇살이 내리쬐면 먼지가 반짝이며 일렁였고, 바람이 스치면 풀들이 작은 물결처럼 흔들렸다. 그 땅 위에는 아버지가 직접 손수 지은 개집과 닭장이 있었다. 굵은 손마디로 짜낸 나무들은 시간의 주름처럼 엇갈려, 개와 닭에게 각자의 보금자리를 마련해주었다 개는 개집을, 닭은 닭장을 제 집처럼 알고 마음껏 들락거렸다. 목줄 없이 풀어놓은 똥개는 자유의 바람을 품으며 뛰어다녔고, 닭들은 햇살 속을 톡톡 튀는 알처럼 맴돌았다 신기하게도, 똥개는 한 번 주입된 규율을 가슴속에 새기고, 닭들에게 손 하나 대지 않았다.

그러던 어느 날, 똥개는 이름처럼 천한 존재 같지만, 결코 똥을 먹지 않는 고귀한 존재임을 증명하듯, 여섯 마리의 새끼를 낳았다.

새끼들은 초여름 새벽이슬처럼 투명하고 가녀린 생명력을 품고, 무럭무럭 자라났다 동네 아이들까지 찾아와 새끼들을 어루만지며 귀여워했다.

　그러나 운명은 늘 예기치 않은 비수를 품고 다가왔다. 누군가 동네 어귀에 풀어놓은 쥐약을 새끼들이 먹고 말았다. 살아 있던 것은 하루아침에 죽음으로 스러졌다. 세상은 그렇게 아무렇지도 않게 생과 사를 가르곤 했다. 아버지는 산기슭 양지바른 곳을 찾아, 새끼들을 하나하나 묻어주었다. 따스한 흙은 작은 생명들을 품으며 조용히 덮였다. 새끼를 잃은 어미는 아버지가 아무리 고깃국물에 밥을 말아줘도 한 점 입에 대지 못했다. 개집 한구석에서 몸을 웅크리고, 세상이 무너진 것처럼 슬픔에 잠겼다 슬픔은 언어가 없었다 다만 눈빛과 주저앉은 몸짓으로 세상을 향해 흐느끼고 있었다.

　며칠 뒤, 아버지가 밥을 주려고 개집을 들여다보았을 때, 그는 기이한 광경을 목격했다. 어미 똥개는 이미 묻힌 새끼들을 다시 품속으로 끌어모아 안고 있었다. 산과 들이 품은 죽음을, 다시 끌어안고 울고 있었다. 아버지는 무겁고 조심스러운 손길로 새끼들을 다시 먼 곳에 묻어주었다. 생명을 잃은 존재를 향한 이 작은 의식은, 땅과 하늘을 향한 침묵의 기도였다. 어머니는 그 모습을 보며 혀를 찼고, 사람이나 짐승이나 슬픔에서는 한결같이 가엽다고 했다. 작은 생명에 대한 연민이 집 안에 잔

물결처럼 퍼져나갔다. 우리 집 마당 옆에는 완만하게 내려가는 언덕이 있었고, 닭들은 거기서 피어난 잡초를 뜯어 먹으며 자랐다. 햇빛에 반짝이는 풀잎 사이를 누비는 닭들은 마치 작은 황금별 같았다. 개는 밥을 퍼주었지만, 닭은 먹이를 챙겨주지 않았다.

가끔 파리채를 들고 파리를 잡아 날름거리는 닭들에게 던져주는 게 고작이었다. 마당 한편 재래식 화장실의 문을 열어두면, 닭들은 구더기를 잡으러 잽싸게 들어갔다. 생명의 끈을 놓지 않으려는 본능이, 그들로 하여금 구더기까지도 소중히 여겨 먹게 했다.

어느 날, 언덕 밑 과수원 똥구덩이에서 닭들이 퍼드득거리는 소리가 들려왔다. 그곳은 과수원 거름을 모으기 위해 파놓은 똥구덩이였다. 닭들은 그곳에서 나온 구더기를 쪼아먹으려다 진흙처럼 질척한 똥구덩이에 발이 빠져 허우적거리고 있었다. 퍼드득거릴수록 똥구덩이는 닭들을 더욱 깊이 삼켰다. 동네 꼬마들이 헐레벌떡 달려와, 아버지에게 닭들이 똥구덩이에 빠졌다고 일러바쳤다. 아버지는 말없이 긴 철사를 구부려 닭들을 건져 올렸다. 철사 끝에 닭 다리를 감아 건져내는데 똥구덩이의 진흙은 쉽게 닭을 놓아주려 하지 않았다. 닭들은 도망칠 힘조차 없이, 축 늘어진 채 건져 올려졌다. 아버지는 호스를 가져와 똥투성이가 된 닭들에게 물을 뿌려 씻겼다.

물줄기가 닭의 몸을 때리자, 똥물이 튀어 올랐고, 공기는 끔찍한 구린내로 가득 찼다. 우리는 멀찍이 떨어져 그 광경을 지켜보았고, 냄새는 우리 코끝까지 파고들었다. 닭들은 온몸이 누렇게 물든 채, 서서히 다시 마당을 어슬렁거렸다. 마치 생과 죽음의 경계를 넘나든 생명체처럼

그날 이후, 동네에는 우리 집의 닭이 똥구덩이에 빠졌다는 소문이 퍼졌다. 그 당시는 닭 한 마리에 1,500원에서 1,800원이었지만, 소문을 들은 사람들이 우리 집으로 몰려와 닭을 사겠다고 했다. 아버지가 안 판다고 해도, 사람들은 값을 부르는 대로 주겠다고 했다.

아버지가 물었다.

"똥닭을 왜 그렇게 사려고 하나?"

그러자 사람들은 대답했다.

"집안 어른이 편찮으셔서 몸보신하려고 산다"

똥구덩이를 건넌 닭들이 '약 닭'이 된 순간이었다. 그렇게 한 마리 12,000원에 팔았다.

다음 날, 또 다른 이가 와서 15,000원을 준다고 했다. 값은 우리가 정한 것이 아니라 사람들이 스스로 제시한 것이었다. 우리는 마치 장터의 구경꾼처럼, 사람들이 부르는 값에 따라 닭을 팔았다. 다음다음 날, 두 마리를 18,000원에 팔았다.

빠진 닭 네 마리를 모두 팔고 나니, 계속 모르는 사람들이 '약닭'을 사러 왔다. 닭을 팔고 돈은 아버지가 가져갔지만, 내 마음 한구석에는 불온한 생각이 싹텄다. 마당에 남아 있는 14마리 닭들을 똥구덩이에 빠뜨릴까, 말까 몇 날 며칠 동안 나는 음침한 고민을 했다.

새벽이슬처럼 맑았던 마음 한 귀퉁이에, 어느새 검은 안개가 드리운 것 같았다. 욕심은 그렇게 조용히, 그리고 은밀하게 마음의 문을 두드렸다.

반려견 자야와 모야

　어느 날, 엄마는 무심한 바람처럼 작은 생명을 안고 집으로 들어왔다 새끼 똥개 한 마리, 따스한 봄 햇살보다도 더 작고 따뜻한 존재였다.
　나는 어리둥절했다.
　"엄마, 갑자기 웬 강아지야?" 하고 물었더니, 엄마는 수줍은 소녀처럼 웃으며 말했다. 위층 세탁소 아들과 아래층 박씨 아줌마 딸의 중매를 서주고, 덤으로 이 생명을 받아왔다고. 그 말에 형제들은 웅성거리며 강아지를 둘러쌌다. 우리는 놀이터의 왕처럼 강아지를 두고 치열하게 소유권을 주장했지만, 강아지는 우리 모두의 것이었다. 아버지는 무심한 듯, 그러나 누구보다 따뜻한 손으로 강아지를 위한 집을 지었다.
　나무를 다듬고, 못질하고, 지붕까지 얹었다. 그렇게 우리 가족은 새 식구를 맞이했고, 강아지는 점점 자랐다.

어느새 강아지는 마당을 넘어, 바람을 타고 거리를 누비기 시작했다. 새벽에 나가 밤늦게 돌아오거나, 며칠씩 자취를 감추었다.

그러던 어느 날, 강아지는 낯선 수놈과 함께 돌아왔다. 수놈은 자야라는 이름의 우리 강아지 곁을 지키며, 밤낮없이 개집 앞에 엎드려 있었다. 자야는 곧 임신했다.

봄바람처럼 가볍게 찾아온 생명은 여섯 마리 새끼로 터져 나왔다. 그러나 행복은 오래가지 않았다. 새끼들은 쥐약을 먹고 하나둘 숨을 거두었고, 아버지는 그 작은 몸들을 멀리 언덕배기에 묻어주었다. 자야는 슬픔에 잠긴 채, 죽은 새끼들을 밤새 끌어와 개집 안에 품고 있었다. 우리는 밥을 주러 부르다 그 모습을 발견했고, 가슴이 찢어지는 듯한 슬픔이 밀려왔다.

시간은 흘렀고, 자야는 다시 세상을 향해 마음을 열었다. 다시 임신했고, 다시 사랑에 빠졌다. 자야의 옛 신랑은 변함없이 자야의 곁을 지켰다. 과수원집 할머니가 찾아와 잘생긴 수놈을 데려갔을 때, 우리는 어린 마음에 세상이 부당하다고 생각했다. 그러나 삶은 늘 그렇게 예기치 않은 이별을 준비하고 있었다.

자야는 세월을 따라 증손자까지 낳았다. 우리는 자야의 후손들을 지인들에게 분양하며 새로운 인연을 만들었다.

자야와 손녀 한 마리가 우리 곁에 남았다. 그러던 어느 날, 자야는 흔적도 없이 사라졌다. 개 도둑이 데려갔다는 소문만이 바람처럼 떠돌았다. 남은 손녀, 모야는 자야의 그림자를 닮아 있었다.

그런데 또다시 어느 날, 모야도 사라졌다. 엄마에게 묻자, 엄마는 고개를 숙였다. 아픈 남편을 위해 개를 약으로 쓰겠다는 엄마 친구의 부탁에 마음이 약해져 모야를 내주었다고 했다.

우리는 모야가 자야처럼 다시 돌아올 것이라 믿으며 기다렸다. 그리고 정말로, 폭우가 쏟아지던 한밤중, 모야는 빗속을 뚫고 집으로 돌아왔다. 낡은 미닫이문을 밀고 들어와, 거실에 누워 있던 엄마를 향해 울부짖었다. 엄마는 놀라서 빵을 건넸고, 모야는 비닐도 뜯지 않은 빵을 입에 물고 밖으로 나가 땅을 파고 묻었다. 아마도, 다시는 떠나지 않겠다는 다짐이었을 것이다.

다음 날, 엄마 친구가 찾아왔다. 모야를 다시 데려가려 했지만, 우리는 울면서 매달렸다 이번만은, 절대 보내지 말아 달라고 엄마는 결국 우리의 간절함을 받아들였고, 모야는 다시 우리 곁에 남게 되었다. 그러나 그날 이후, 모야는 엄마를 멀리했다. 부르면 돌아보지도 않고, 엄마가 다가가려 하면 뒤돌아 달아났다 상처받은 마음은 쉽게 아물지 않았다.

이제는, 자야도 모야도 이 세상에 없다. 아마도 하늘나라에서 엄마와 다시 만나 오래 묵은 오해를 풀고 있을까

어린 시절, 내 곁을 지켜주던 그 따뜻한 눈망울들이 그립다. 자야와 모야는, 우리 집 작은 기적이었고, 슬픔과 기쁨이 뒤섞인 우리의 계절이었다. 나는 그들과 함께 자라며, 세상이라는 이름의 커다란 들판을 배우고 있었다.

산소

 지나간 토요일 밤, 나는 무언가에 끌리듯 깊은 꿈속으로 내려 갔다. 그곳은 어딘지 알 수 없는 어둠의 방, 기억과 후회의 가 닥들이 엉켜 있는 안개 속이었다 거기서 아버지가 보였다. 불 현듯 나타난 그 모습은 오래된 필름의 마지막 장면처럼 흐릿하 고 선명했다.
 나는 무의식중에 "아버지"를 불렀다. 그러나 그 부름은 허공 을 맴돌며 메아리도 없이 사라졌다. 대답 대신 아버지는 밥 짓 고 남은 솥 밑바닥에서 누룽지를 끌어내고 있었다. 마치 무언 가를 끝까지 남기지 않으려는 듯, 한 줌의 기억이라도 긁어모 으려는 듯이
 그 순간, 심장이 철렁 내려앉고 눈을 떴다. 창밖에는 아직 어 스름이 남아 있었고, 나는 이 기묘한 꿈을 붙잡고 싶어 휴대전 화를 열어 해몽을 찾아보았다.

그러나 무심한 텍스트의 숲에서는 그 어떤 의미도 찾을 수 없었다. 해석이 없다는 것은, 어쩌면 스스로 깨달아야 할 것이 남아 있다는 뜻일지도 몰랐다. 다음 날 일요일, 집안은 정적에 휩싸여 있었다 소파에 길게 몸을 눕히고 TV에서 흘러나오는 소리에 귀를 기울였지만, 나의 마음은 온통 그 꿈에 묶여 있었다. 아버지의 눈빛, 그 누룽지 긁는 손끝의 묵묵함, 그건 단순한 장면이 아니었다. 오래된 책임감과 잊히지 않은 무언가가 내 안에 자리를 잡기 시작했다.

문득, 지난 추석이 떠올랐다. 형과 다툰 뒤, 아무 말도 없이 서로 등을 돌린 채 흩어졌던 그 날 설이 되어도 부모님 산소에 가지 않았다. 전화를 걸어오는 동생들에게도 문자 하나로 선을 그었다.

"알아서 갈 테니 연락하지 마라"

어쩌면 그 문장은 '이제 나를 그냥 두라'는 방어막이었고, 나의 죄책감에 대한 얄팍한 위장이었을지 모른다. 마음속 깊이 묻어둔 사연이 있다. 몇 해가 지나는 동안 나는 그 이야기를 아무에게도 꺼내지 못한 채 살았다.

그래서일까, 가족이라는 이름이, 형제라는 존재가 마치 지워야 할 목록처럼 느껴졌다. 어떤 날은 그들이 짐처럼 느껴졌고, 어떤 날은 내가 그 짐이 되어 버린 듯했다.

그때 지인의 전화가 걸려왔다. 무심코 "꿈 좀 해석해 줘" 했더니, 그의 한마디가 가슴을 찔렀다.

"그런 꿈 꿨으면, 산소 한번 다녀오는 게 좋겠어"

짧은 말이었지만, 내 안에서 굳게 잠긴 문을 여는 열쇠 같았다. 전화를 끊고, 나는 곧장 옷을 갈아입었다. 냉장고 문을 열어 남아 있던 소주 한 병을 챙기고, 가까운 가게에서 오징어 한 봉지, 땅콩 한 봉지를 샀다 아무런 준비도 없었지만, 그것이 오히려 진심 같았다.

마치 손에 들린 것이 아니라, 마음에 걸린 것을 들고 가는 길 같았다. 공원묘지엔 사람이 없었다. 고요한 바람이 낙엽을 쓰다듬으며 지나갔다. 부모님 산소 앞에 다다랐을 때, 나는 무릎을 꿇을 수밖에 없었다. 이상하게도 눈물이 흘렀다. 소리 없는 울음이 아니라, 가슴을 흔드는 진짜 울음이었다.

"아버지… 어머니…"

그렇게 몇 번을 부르다가, 나는 마침내 내 안에 묻혀 있던 말을 터뜨렸다.

"도대체 뭐가 잘못된 건가요… 왜 이렇게 멀어진 건가요…"
한참을 흐느낀 끝에 나는 절을 하려 술병을 꺼냈다. 뚜껑을 열고 산소 앞에 술을 따르려는 순간, 병에서 술이 나오지 않았다. 당황한 나는 술병을 들어 확인했다.

투명해야 할 액체는 기이하게도 탁했고, 색깔은 기름 같았다. 손가락을 살짝 넣어 찍어 맛을 보니, 소주가 아니라 참기름 혹은 들기름이었다.

순간, 흐르던 눈물이 멈추고 피식 웃음이 났다. 이게 무슨 짓인가 싶었다. 방금 전까지 눈물바다였던 내가, 이제는 기름병 들고 산소 앞에서 웃고 있었다.

그때야 문득, 누군가의 말이 떠올랐다.

"멍청한 놈… 바보…" 맞다 내가 바보다. 나는 그 자리에서 조용히 말했다.

"아버지, 어머니… 다음엔 진짜 술 가져올게요 오늘은 오징어랑 땅콩만 드세요 바보 같은 아들이 또 올게요"

그렇게 산소를 내려와 월요일, 출근하여 가게 문을 여니 십년 전 인연이 다시 나타났다. 예전 거래하던 손님이 "혹시 아직 하나 싶어 들렀다"며 물건을 사갔다.

그날을 시작으로, 사람들의 발걸음이 이어졌고, 오랫동안 텅 비어 있던 가게는 오줌 누기 힘들 만큼 바빠졌다. 코로나니 불경기니 하던 시절이 무색할 만큼, 며칠 동안 매출이 터졌다. 나는 그저 중얼거렸다.

"아버지 덕분인가… 아니, 아버지 맞으시죠?"

그날의 참기름 냄새가 아직도 가슴 어딘가에서 맴돌고 있었다.

강부자

일요일 아침, 눈을 떴을 때 창밖의 햇살은 평소와 다름없이 어깨에 내려앉았다. 침대에서 일어나자, 아내가 절에 가자며 슬쩍 말을 건넨다. 오늘 하루 특별히 할 일도 없으니 나쁘지 않겠다는 마음에 옷을 가볍게 입고 따라나섰다.

차는 금정산 마을을 지나 구불구불한 산길로 접어들었다. 길은 마치 커다란 뱀 한 마리가 산자락을 타고 흐르는 듯 위태롭게 이어졌다. 차 한 대 겨우 지날 만큼 좁은 길에서 딸은 운전대를 잡고 능숙하게 움직였지만, 길은 마치 속마음을 감추려는 듯 갈수록 깊은 숲속으로 숨었다.

"절에 간다더니, 무슨 절인데?"

가벼운 물음에도 아내와 딸은 마치 약속이나 한 듯 침묵으로만 답한다. 산속 깊숙이 들어갈수록 의문은 짙어졌지만, 이미 시작된 여정에 굳이 저항하지 않고 순응하는 편이 낫겠다 싶어 더 이상 묻지 않았다.

　한참을 가자, 마당이 넓고 방이 여러 개인 낯선 집이 모습을 드러냈다. 어디쯤일까 싶은 의문을 품는 순간 징 소리가 귓가를 울린다. 절이 아니라 굿당이었다 순간 마음속에서 작은 탄식이 피어오른다. 방 안에는 북과 징을 연주하는 남녀가 있었고, 그 앞에는 화려한 옷을 입고 작두 위를 맨발로 걷는 무당이 있었다. 그녀는 하늘과 땅을 잇는 듯한 몸짓으로 깃발을 흔들며 신명 난 춤을 추었다. 호기심과 경이로움이 얽힌 눈으로 그녀를 바라보니, 작두날 위를 걷는 발은 칼날의 서늘함과 어울리지 않게 평온했다. 곁을 돌아보니 아내와 딸은 두 손을 간절히 모으고 기도하며, 색색의 깃발 앞에 지폐를 정성스레 놓고 있었다. 그 모습은 마치 바람에 흩날리는 낙엽처럼 가볍고도 무거웠다.

　"굿이라니, 괜히 왔네"
　속마음이 작게 중얼거렸지만, 이미 벌어진 일에 그저 바라보는 수밖에 없었다.
　굿이 끝나갈 무렵, 무당 할머니가 나를 향해 성큼성큼 다가오더니 불쑥 한쪽 다리에 걸터앉았다. 순간 몸이 크게 기울었다. 그녀의 몸집은 잘 익은 늙은 호박 두 개를 겹쳐놓은 듯 푸짐했고, 그 존재감은 온몸으로 전해졌다.

깜짝 놀라 올려다본 얼굴은 탤런트 강부자를 쏙 빼닮았다. 아니, 어쩌면 강부자보다도 더 예쁜 듯한 얼굴이었다. 그제야 다른 모든 것이 배경으로 흐려지고 오로지 그녀의 얼굴만이 또렷하게 빛났다.

"이렇게 고운 얼굴이 어찌 무당이 됐을까?"

혼자서 작게 탄식을 내뱉었다. 그러자 옆에 있던 아내가 팔꿈치로 살짝 나를 쳤다. 입을 다물라는 무언의 신호였다. 할머니 무당은 내 무릎 위에서 익살스럽게 농담을 건넸다.

"사장은 여자 있네, 애인 없으나? 사장 주머니에서 돈이 나와야 복이 붙지"

그 말을 듣자마자, 주변 모든 이의 눈빛이 내게로 모였다. 딸과 아내, 그리고 징과 북을 치는 사람들까지도 마치 나의 대답을 기다리듯 숨을 죽였다.

"왜 이러나 할머니, 왜 이러나," 나는 당황한 듯 말을 겨우 꺼냈다.

그러나 할머니는 꿈쩍도 하지 않고 여전히 내 무릎 위에서 장난스럽게 웃었다. 마지못해 주머니를 뒤적였지만, 돈을 내기 시작하면 끝없이 계속될 것 같은 불안감에 아내에게 슬쩍 돈을 빌려 놓았다. 아내와 딸은 여전히 간절한 눈빛으로 정성을 들이며 돈을 계속 얹었다. 잠시 후, 방 밖으로 나와 벤치에 앉으니 복잡한 마음이 찬바람처럼 가슴 속을 지나갔다.

딸과 아내가 저토록 바라는 것이 무엇일까?

달빛이 어둠을 가르고 희미하게 떴을 때야 북과 징 소리가 멈추었다. 집으로 돌아오는 길, 딸과 아내에게 오늘의 비용을 물었지만, 모녀는 입을 닫았다.

오직 내가 "강부자 닮았다"는 말을 다시 꺼냈을 때야 아내는 슬며시 웃으며 말했다.

"당신이 그렇게 말하지 않았으면 강부자인지 몰랐을 텐데, 듣고 보니 정말 강부자더라"

웃음이 터져 나오며 모두의 마음이 잠시 편안해졌다. 집으로 향하는 길, 달빛 아래 흐르는 차 안에서 오늘의 기억은 묘한 미소로 남았다 강부자의 얼굴이, 그 강렬했던 순간이 밤하늘 별처럼 반짝이며 따라왔다.

울고 싶어라

　중매라는 낯선 문으로 걸어 들어간 그날, 나는 사랑보다는 운명이라는 이름에 등을 떠밀려 앉았다. 마음을 주고받기엔 시간이 짧았고, 데이트라는 말조차 사치처럼 느껴지던 시절이었다.
　그 시절의 혼사는 마치 미리 쓰인 각본을 따라가는 무대와 같았다. 우리는 무대의 주인공이 아니라 관객 같은 신랑 신부였다. 점집과 철학관을 오가며 내게 말해준 건 단 하나, "궁합은 나쁘지 않다"는 말 그러나 정작 나는 그 말의 무게를 온전히 이해하지 못했다.
　궁합이 좋다는데, 왜 이렇게 마음이 울렁였을까 결혼식 날, 서울에서 비행기를 타고 신혼여행을 떠났다. 강원도 설악산까지 이어지는 여정은 마치 서로의 마음을 더듬어 가는 산길 같았다. 케이블카를 타고 권금성에 올랐을 땐 바람에 실린 내 미래가 낯설게 느껴졌다.

새벽 1시에 도착한 설악산은 조용했고, 눈앞의 풍경은 아름다웠지만 피곤한 몸과 낯선 마음은 그 풍경을 온전히 담기엔 무거웠다.

다음 날 아침, 강릉을 지나 부산까지 가는 여정은 또 다른 인내의 시간이었다. 햇살이 창문을 타고 흘러들었지만, 내 마음엔 먹구름이 걸려 있었다. 처가에 도착했을 땐 이미 해가 기울고 있었다. 장모님의 손길이 닿은 음식상은 정갈했고, 그 위에는 무언의 환영이 담겨 있었다. 장인어른은 말없이 앉아 계셨고, 장모님의 친지들이 웃음 띤 얼굴로 자리를 지켰다. 한 상 가득한 음식 앞에서 나는 씹는 맛도 모르고 먹었다.

그리고, 그 순간 이모님이 말했다.

"김 서방, 한 곡 하시지요"

마이크가 내 손에 건네졌다. 피곤이 목울대를 죄어 왔지만, 거절할 수는 없었다. 그리하여 나는 그 노래를 택했다. '울고 싶어라' 이남이의 애절한 목소리 대신, 나는 내 목소리로 그 곡을 불렀다. 왜 그 노래였을까 지금도 나는 정확히 알지 못한다.

그저 그 순간의 마음이, 어쩌면 나도 모르게 흘러나온 것인지도 모른다.

사람은 종종 자기도 모르는 진심을 노래로 흘려보내는 법이니까 마이크를 잡고 있는 내 손은 떨렸고, 내 속에 있던 감정의 숲이 그 노랫말 따라 흔들렸다.

누군가는 노래를 들으며 고개를 끄덕였고, 누군가는 웃었다 나는 웃지도, 울지도 못한 채 앉아 있었다.

그렇게 시간이 흘렀다. 계절은 수없이 바뀌었고, 아이들은 자라났다 세월의 모서리를 돌고 돌아, 이제 결혼 40주년이 다가온다.

그 사이 장모님 형제들은 하나둘 떠났고, 오직 장모님과 장인 어른만이 그 자리를 지키고 계신다. 그때 그날의 상차림도, 그 노래도, 마이크도 이젠 기억 저편에 사라졌지만, 나는 아직도 그 노래를 기억한다 아니, 그 노래를 부르던 나의 마음을 기억한다. 사랑이라는 말보다 더 오래가는 건, 함께한 시간 속의 묵은 감정들이다.

그때는 몰랐지만, 지금은 안다. 울고 싶다는 건 마음이 숨을 쉬는 방식이고, 그 숨결이 있었기에 지금까지 걸어올 수 있었다는 것을 말이다. 이 마음 그것은 후회가 아니라, 내 인생의 가장 진실한 시작이었다. 당시 나는 사랑이라는 단어보다 가족이라는 책임에 무게를 두고 결혼의 문을 열었고, 그 문 안에서 한 걸음씩 걸어왔다. 서로를 몰랐던 두 사람이 하나의 이불 속에서 익숙해지고, 미지근했던 감정이 서서히 따뜻해지는 과정을 견뎌낸 시간이 있었다.

처음엔 이름을 부르기도 어색했지만, 시간이 흐르고 아이들이 자라며 우리는 부부가 아니라 부모라는 이름으로 더 단단해졌다.

살면서 울고 싶었던 순간은 많았다. 삶의 모서리에 긁히고, 뜻대로 되지 않는 현실에 무너지고 싶었던 날들이었다.

그러나 그때마다 나는 어깨 너머로 들려오는 가족의 숨소리에 다시 일어섰다. 아이들의 웃음, 부모님의 기도, 아내의 침묵 속 손길이 나를 붙잡았다. 그 모든 것이 모여 나를 만든 것이다. 울고 싶었던 그날도 결국은 지나가고, 남은 건 노래 한 곡의 여운처럼 인생에 스며들었다.

지금의 나는 여전히 그 노래를 기억하며 웃는다. 울음은 끝이 아니라 흐름이었고, 그 흐름 속에서 나는 버텼고, 살아냈다. 앞으로의 세월에도 울고 싶은 날이 다시 온다면, 나는 또다시 그 노래를 꺼내 부를 것이다. 그때와는 다른 목소리로, 그러나 같은 마음으로 그것이 나의 방식이고, 나의 길이다.

미신

어느 봄날 아침, 사무실 문이 열리고 익숙한 얼굴 하나가 들어섰다. 오랜만에 찾아온 지인의 모습은 봄바람처럼 가벼웠고, 손에는 불룩한 비닐 보따리가 마치 숨겨둔 비밀처럼 매달려 있었다. 나는 반가운 마음에 자리에서 일어나 그를 맞이했다.

담담한 웃음과 차 한 잔으로 오랜만의 재회를 메웠다. 지인은 테이블 위에 보따리를 펼치듯 천천히 열었다. 떡이며 사탕, 색색의 먹거리들이 마치 축제처럼 쏟아졌다.

"먹어 봐, 맛있어"

그는 미소 지으며 권했다. 아내는 말없이 나를 바라보았지만, 나는 별다른 생각 없이 간식을 집어 입안에 넣었다가 달콤한 맛이 입안에서 퍼지면서도 마음 한구석에서는 무언가 미심쩍은 기운이 어른거렸다.

무심코 던진 질문 하나가 공기를 차갑게 얼렸다.

"이거 어디서 가져왔어요?"

"굿하고 남은 거야."

지인의 대답은 가벼웠지만 그 말의 무게가 순식간에 공기를 누르고 말았다가 나는 애써 웃어넘기려 했지만 이미 어떤 알 수 없는 불안이 내 마음속으로 서서히 기어들고 있었다.

그날 밤, 몸은 내 의지와 다르게 움직이기 시작했다. 속이 타는 듯하고, 구역질이 쉴 새 없이 몰려왔다가 화장실에 엎드려 구토했지만 헛구역질뿐, 허공만을 향해 비명을 질렀다. 아무것도 나오지 않는 몸부림이 계속됐다. 처음엔 체기라고 생각하며 손가락 치료를 받으러 갔다. 손가락이 입속을 훑어 내려가자 허연 이물질이 나왔다가 나는 그것을 허탈하게 바라보며 의아해했다.

아무것도 먹지 않았는데, 대체 이게 무엇인가?

이후로도 구역질은 끊임없이 계속됐다. 물조차 제대로 삼키기 힘들었고 내 몸은 점점 모래시계의 모래알처럼 빠르게 줄어들었다. 병원을 찾아 내시경, 대장 검사, 심지어 치질 수술까지 받았지만, 아무 소용이 없었다.

의사들의 말은 한결같이 "아무 이상 없다"였지만, 내 몸 안에서 무언가가 날카로운 발톱으로 계속 긁어대고 있는 느낌은 지워지지 않았다. 몇 날 며칠 그리되니 몸무게가 88킬로 나가던 몸이 69킬로 빠졌다.

몸은 가벼워졌지만 헛구역질을 계속하게 되니 환장할 일이었다. 어느 날 저녁, 아내는 말없이 무언가를 준비했다. 사무실 밖에서 불을 피우고 고춧가루를 탄 물에 부엌칼 하나를 담갔다가 나는 탈진한 몸을 간신히 일으켜 그 모습을 지켜보았다.

아내는 침착하게 다가와 칼을 내 머리 위에 부드럽게 문질렀다가 차가운 금속이 이마를 스친 순간, 몸속에서 웅크리고 있던 어둠이 움찔했다. 아내는 머리 위에서 문지르던 칼을 들고 마당 한가운데로 가 힘껏 던졌다가 짧은 정적 후, 칼이 땅에 꽂히는 둔탁한 소리가 들렸다.

그 순간 나는 긴 안도의 숨을 내쉬었다. 기적처럼 다음 날 아침부터 구역질이 멈췄다가 오랜 시간 나를 괴롭히던 그 알 수 없는 고통은 조용히 떠났다 내 몸에서 무언가가 빠져나간 것 같았다. 그 일을 겪고 난 후에도 나는 여전히 믿기 힘들다. 손에 잡히는 것도, 눈에 보이는 것도 없었지만, 분명히 변화는 일어났다. 세상에는 과학으로 설명할 수 없는, 보이지 않는 힘들이 존재하는 것 같다. 어쩌면 우리는 눈에 보이지 않는 가느다란 바늘 끝에서 간신히 균형을 잡고 서 있는지도 모른다. 내가 어디서 알고 그랬는지 물었다. 그냥 그런 집에서 자문했다고 얼버무렸다.

이 이야기는 나와 아내만이 간직한, 믿거나 말거나 한 비밀로 남았다.

"하느님과 부처님이 웃던 날"

40여 년 전, 시대는 달랐고 사람들의 표정은 지금보다 순박했다. 80년대 말이거나 90년대 초, 세상은 한창 잘나가던 때였다. 경기는 마치 봄날처럼 화사하게 피어나 건축 현장마다 철근이 춤추고 콘크리트는 음악처럼 쏟아졌다. 나 역시 그 물결에 휩쓸려 덤프트럭 하나로 하루를 다 채웠다.

당시는 소변조차 제대로 누기 어려울 정도로 바쁜 날들의 연속이었다. 하늘도 내게 잠시 멈추라 말하지 않았고, 나는 거침없이 도로 위를 달리며 삶의 무게를 짊어졌다. 식사도 미루고, 쉼도 잊은 채, 철강처럼 단단해진 나날이었다.

어느 날, 시장 앞의 좁은 이 차선 도로를 지나고 있었다. 내 앞에 고물 리어카가 자리를 틀고 있었고, 반대편 차선에도 한 대의 차가 덩그러니 서 있었다. 상황은 복잡했고, 서로가 반대 차선을 이용하지 않으면 앞으로 나아갈 수 없었다.

그래서 나는 리어카를 피하려 차선을 넘었고, 반대편 차도 마찬가지였다.

그렇게 찰나의 순간, 내 덤프트럭 뒤가 상대방 차와 스쳤다. 교회의 봉고차였다. 문짝이 휘어져 닫히지 않을 정도였다. 급히 차를 세웠고 상대방은 다짜고짜 어떻게 할 거냐며 따졌다. 나는 바쁘다며 일단 연락처를 주고받고 헤어졌다 하지만, 시간이 흘러 해가 질 무렵, 고요한 정적 속에 생각이 고개를 들었다.

"서로 잘못한 거 아닌가?"

그런 의문이 피어올랐다. 전화가 울렸고 수화기 너머의 목소리는 수리를 요구했다. 나는 쌍방 과실이라며 거절했다. 그리고 결국 우리는 경찰서에서 만나게 되었다. 신분증을 제시하는 순간, 그는 경찰서 간부라는 사실을 드러냈다. 당시 사회는 명함 한 장으로 어깨가 달라지던 시절이었다. 내 마음도 그 순간 약간의 움츠림을 겪었다.

그러나 세상은 참 묘하게 돌았다. 마침, 교통과에 근무하던 내 후배가 등장했다. 그는 반갑게 나를 알아보며 경찰서 안의 분위기를 뒤바꿨다. 담당 경찰은 우리에게 경찰서 앞마당에서 합의하고 들어오라고 했다.

그는 말문을 열었다.

"하느님을 증인으로 말하는데, 당신이 잘못한 거요"

나는 피식 웃었다. 그리고 조용히, 정중히 말했다

"좋소, 하느님 증인을 데려오시오"

그는 눈을 치켜뜨고 말했다.

"하느님이 어젯밤에 말씀하셨소 당신 잘못이라고."

나는 그 말에 맞서며, 평생 기억할 한마디를 건넸다.

"아저씨, 나는요 부처님 증인으로 말씀드리겠습니다. 부처님께서 어젯밤 내게 오셔서, 아저씨가 잘못한 거니 물어줄 필요 없다고 하시더이다"

그는 입을 다물었다.

순간 우리는 서로 다른 신을 끌어온 두 신도의 전쟁 속에 서 있었다. 그가 울력 블록을 꺼내 들며 하느님께 기도하듯 속삭였다.

"하느님, 저 불쌍한 길 잃은 어린 양을 용서하소서"

나는 조용히 되받았다.

"부처님, 저 아저씨 중생을 바른길로 인도하소서"

결국, 그도 웃고, 나도 웃으며 우리는 다시 경찰서 안으로 들어갔다. 더는 말이 없었다. 명함도, 직책도, 신도증도 내려놓고, 우리는 길을 나섰다.

그 후 십여 년이 지나, 나는 어느 교회 공사 납품을 위해 현장을 오갔다 바쁘게 출입하며 이틀, 사흘, 몇 날 며칠을 드나들던 중, 낯익은 얼굴이 스쳐 지나갔다.

반갑지만 낯선 듯한 그 얼굴, 나는 가볍게 눈을 돌렸다.

 어느 날, 그 교회 입구에서 우리는 마주쳤다. 서로가 멈칫한 채 바라보았다. 그는 말했다.
 "어디서 본 듯한데… 어디서…"
 나 역시 그렇게 응수했다. 그리고 불쑥, 기억이 피어올라 악수를 청했다.
 "오랜만입니다"
 그는 가볍게 손을 맞잡으며 말했다.
 "잘 지내셨죠?"
 나는 고개를 끄덕였다. 말이 길어질 필요는 없었다. 하느님도, 부처님도, 오늘은 침묵하는 날이었다.
 나는 조용히 돌아서며 그에게 윙크 하나 건넸다. 그는 미소로 응답했다. 그렇게 우리는 다시 각자의 삶으로 흘러갔다. 신이 증인이던 시절은 지나고, 사람 냄새 나는 기억만 남은 채로

에필로그
머나먼 길

오래전, 방구석에 던져진 꾸겨진 원고지 한 장이 내 마음에 오래 남았다. 빛바랜 화면 속, 어딘가 슬쩍 지친 얼굴로 타자기를 두드리던 한 작가의 모습이 있었다. 나는 그 장면을 잊지 못했다. 그 장면은 말 없이 내게 속삭였다. "이 길은 고난의 길이지만, 누군가는 걸어야 할 길이다." 그 날 이후 나는 내 안에 웅크리고 있던 무언가와 조용히 대화를 시작했다. 그 대화는 언젠가 나만의 이야기로 남기고 싶던 간절함이었고, 그 간절함이 마침내 한 권의 책이 되었다.

이 책 『머나먼 길』는 내가 살아온 조용한 이야기다. 이름 없는 하루하루가 쌓여 인생이 되고, 그 안에 담긴 나의 감정과 기억들이 조심스레 글로 피어났다. 누군가의 인생엔 특별한 사건이나 드라마가 필요하겠지만, 내게는 매일을 지나며 느낀 작은 울림들이 더 중요했다.

바람에 흔들리는 나뭇잎, 길가에 핀 들꽃, 계절이 주는 냄새 같은 것들 말이다. 그것들이 내겐 다정한 안부였다. 60편의 글을 써내려 가며, 나는 한 문장 한 문장이 얼마나 무거운지를 배웠다. 문장을 쓰는 일은 때로는 고백 같았고, 때로는 고해 같았다. 나의 기쁨과 부끄러움, 사랑과 후회, 그 모든 것들이 글 속에 투명하게 녹아들었다. 그 시간 동안 나는 나를 다독였고, 용서했고, 안아주었다. 친구 진상국, 선배님께도 감사드리며, 사랑하는 가족들이 책을 끝까지 완성할 수 있는 힘이 되어주었다. 이 글을 쓰는 지금, 나는 비로소 여한이 없다고 말할 수 있다. 이루지 못한 꿈이 아니라, 내가 미처 인식하지 못했던 잠재의 희망이 실현되었기 때문이다.

나는 뛰어난 작가가 아니다. 책을 좋아하고 글을 쓰고 싶은 문학도에 가깝다. 나는 '남기고 싶다'는 열망으로 이 글들을 썼다. 종이 위의 기록이 언젠가 누군가에게 조용한 울림이 되기를 바랐다. 그 누군가는 내 아들일 수도, 딸일 수도 있다. 내가 세상을 떠난 뒤, 이 글을 마주한 누군가가 "이 사람은 참 나무를 좋아했구나. 산을 사랑했고, 바람의 순결을 믿었으며, 낙엽의 속삭임에 귀를 기울였구나." 하고 미소 지을 수 있다면, 그걸로 충분하다. 나는 못난 아버지였을지도 모른다. 더 많은 것을 해주지 못했고, 더 좋은 말을 해주지 못했다.

하지만 나는 이 책 한 권으로 남아, 너희의 기억 속에서 살아 숨 쉬고 싶다. 이것이 내가 너희에게 보내는 마지막 안부다. 말보다 조용히, 글로 대신하는 인사다.

언젠가 먼 훗날, 너희가 아이를 품고 그 아이가 또 커가는 시간을 맞이할 때, 잠시 이 책을 꺼내 읽어주길 바란다. 너희 할아버지는 이렇게 살았다고.

나는 이제 여한이 없다. 내 안의 이야기들이 바람처럼 흘러, 나무의 나이테처럼 남았으니. 이제 나는 이 삶을 사랑했다고 말할 수 있다.

그리고 너희에게, 조용히 마지막 안부를 전한다.

"사랑했다. 그리고 고마웠다."

2025년 어느 날 글을 마치며

추천의 글

고백의 문학, 삶의 진실을 향한 길

수필집 『머나먼 길』은 단순한 회고가 아닌, 한 인간이 자신의 실존을 있는 그대로 토해낸 치열한 고백의 기록이다. 이 작품은 고통을 정면으로 응시하며, 끝내 삶을 포기하지 않는 한 존재의 자기 고백이자, 흔들림 속에서 길을 만든 한 인간의 서사적 증언이다.

저자는 "왜 그랬을까"라는 물음으로 시작해, 그 답을 찾기 위한 전 생애의 흔적을 써 내려간다. 이 글은 생존과 구원의 서사이자, 인간 존엄의 복원을 향한 고해성사이며, 우리가 잃어버렸던 사랑과 연민의 언어를 되찾게 만드는 감동의 진실이다.

I. 대표작 ① 「도박」 – 인간의 추락과 사랑의 울림

『머나먼 길』중「도박」은 인간이 얼마나 나약해질 수 있는지를 극명하게 드러낸 작품이다. 그러나 이 수필이 주는 울림은 단지 실패와 방황의 기록에 머무르지 않는다. 바로 "산 자의 소리"를 통해 삶의 방향을 바꾸는 순간, 즉 인간 내면의 전환점이 정점으로 작용하기 때문이다. 공동묘지에서 펼쳐지는 도박 장면은 단지 은밀한 범죄 행위가 아니라, 삶의 끝자락에서 자기를 놓아버린 인간의 초상이자 자기 부정의 공간이다.

그러나 "XXX 나와라!"는 아내의 손확성기 외침은 무너진 주인공의 세계를 향한 진실의 망치처럼 내리친다. 이 장면은 단순한 소동이 아니라, 죽음과 삶의 경계에서 '사랑의 소리'가 인간을 구원하는 서사적 변곡점으로 작용한다.

이 작품은 한 여인의 지극한 사랑이 어떻게 한 남자의 비틀린 길을 돌이키는지 보여주며, 구원은 종교적 제의가 아닌 인간 간의 절절한 진심 속에서 탄생한다는 점을 섬세하게 드러낸다. 무엇보다도 이 수필은 무너진 인간이 어떻게 다시 일어설 수 있는가에 대한 가능성을 예증하는, 사랑이라는 기적의 기록이다.

II. 대표작 ② 「홍수」 - 노동과 자존의 미학

두 번째 대표작으로 「홍수」를 선택한 이유는, 이 글이 인간 노동의 의미를 가장 치열하게 포착하고 있기 때문이다.

『머나먼 길』이 전반적으로 서민의 삶을 조명하고 있다면, 「홍수」는 그 서사 가운데 가장 역동적인 생존의 기록이자, 무너진 존재가 다시 일어서서 자기 삶을 건축하는 과정의 중심축이 된다. 작품 속 '홍수'는 자연재해가 아니라, 기회의 물결이다. 덤프트럭을 몰고 시멘트를 실어 나르며 하루하루를 개척하는 모습은, 단순한 일의 묘사가 아닌, 존엄한 노동의 정신을 문학적으로 승화시킨 장면이다. 특히 그는 "덤프는 나의 돛이었고, 기사들은 선원이었으며, 나는 배의 선장이 되어 몰아치는 파도 속을 가로질렀다"는 비유를 통해 자기 삶의 항해자로서의 정체성을 정립한다.

더욱 인상 깊은 대목은 사장의 뒤를 식당까지 따라가며 거래를 따낸 일화다. 그는 무언의 인내와 신뢰로 시멘트를 확보하고, 그 이익조차 정직하게 배분한다. 그의 행동은 단순한 상거래가 아닌, '사람'을 남기는 방식의 인생 경영이며, 그 속에는 "인생을 버티는 방법은 곧 사람을 지키는 법이다"라는 철학이 서려 있다.

Ⅲ. 문학적 미학과 서사의 확장성

이 두 작품은 모두 '낮은 곳에서 시작된 서사'라는 공통점을 지닌다. 그러나 그 서사는 단지 개인의 회고에 머물지 않고, 우리 시대를 살아가는 수많은 보통 사람들의 이야기를 투영한다. 「도박」은 사랑의 회복이라는 테마로 독자의 가슴을 울리며, 「홍수」는 노동과 신뢰, 그리고 자존을 통해 인간 존재의 가치를 재조명한다. 무엇보다도 이 수필집의 힘은 문장이 아니다. 삶이 문장이기 때문이다. 허세 없는 진술, 서툴지만 진실한 고백, 그 안에 문학은 피어나고 독자는 공감하게 된다. 고통과 후회, 실패와 희망을 그 어떤 문학적 미사어구 없이 적나라하게 꺼내놓은 이 글은, 그래서 더욱 문학적이다.

Ⅳ. 독자에게 주는 시사점 - 눈물보다 더 강한 사람의 이야기

『머나먼 길』은 한 인간의 회한이자 사랑의 기록이며, 그 자체로 한 편의 대하 서사시다. 특히 이 글을 읽는 청년들에게, 중년의 독자들에게, 삶이 버겁다고 느끼는 이들에게 간절히 권한다. 이 책은 실패해도 괜찮다는 위로가 아니라, 무너져도 다시 살아야 한다는 각성의 책이다.

가장 빛나는 문장은 따로 없다. 그가 매일 새벽을 건너며 버틴 삶의 모든 문장이 빛이다. 그리고 그 빛은 누군가에게 희망이 되고, 또 다른 누군가에겐 생의 의미가 될 것이다. 우리가 문학을 읽는 이유가 바로 여기에 있다. 삶을 다시 시작할 용기를 얻기 위해.
'길은 어디에나 있다. 그러나 그 길을 스스로 걸어낸 사람만이, 다시 길을 이야기할 수 있다.'
 이 책은 그 길을 걸어온 이의 증언이자, 모든 방황하는 이들에게 보내는 한 통의 편지이다.

■ 추천의 글

 칠십 년 삶을 돌아보며, 사랑하는 이들에게 남기는 진심 어린 수필집 『머나먼 길』은 한 인간이 살아온 세월의 깊이만큼 묵직하게 다가오는 삶의 기록이다. 화려하지 않고, 특별하지도 않다. 그러나 진실하고 조용하며, 묵묵히 견뎌낸 칠십 년의 시간이 한 줄 한 줄에 고스란히 새겨져 있다. 이 책은 그 어떤 드라마보다 더 치열하게 삶을 견뎌낸 한 남자의 자전적 고백이며, 가족과 이웃, 그리고 지나온 자신에게 바치는 오래된 편지다.

 무엇보다 이 책은 삶의 가장 낮은 골짜기에서 시작해 자신만의 방식으로 한 계단 한 계단 오르며 결국 '사람답게 사는 길'을 배워간 기록이다. 도박과 실패, 부채와 질병, 외로움과 오해 그 모든 고통의 순간 속에서도 저자는 살아남는 법을 배웠고, 사람을 잃지 않는 법을 알게 되었으며, 끝내 사랑을 지켜내는 법을 체득했다.

『머나먼 길』에는 수많은 시간들이 실려 있다. 공동묘지에서 아내의 확성기 소리에 멈춰선 한밤, 덤프트럭을 몰고 시멘트를 쏟아부으며 맞은 새벽, 병원에서 몰래 항암제를 거부하던 어느 오후의 고요함까지. 모든 장면이, 모든 순간이 하나의 '고백'으로 엮여 있다. 고백이란, 지나간 인생에 대한 회한이기도 하지만, 여전히 사랑하고 있다는 증명이기도 하다.

책을 덮는 순간 우리는 깨닫게 된다. 이 이야기는 단순한 회고가 아니다. 저자는 지금 이 자리에서 묻고 있다.

"왜 그렇게까지 살아왔는가?"

그 질문에 그는 화려한 성공이 아닌, 사랑을 지킨 일로 답한다.

"내가 나로서 무너지지 않기 위해서였고, 가족을, 아내를, 아이들을 끝내 지켜주고 싶었기 때문이었다."

자서전이란 이름 아래 이렇게 눈물겹도록 진솔한 삶의 이야기들이 담길 수 있다는 것 자체가 하나의 감동이다. 이 책은 바로 그 감동을 우리 모두에게 전해준다. 지금 누군가의 길이 멀고도 외롭게 느껴진다면, 이 책은 "그럼에도 불구하고 걸어갈 수 있다"는 위로와 용기를 함께 건넬 것이다.

『머나먼 길』은 칠십 년의 생애를 돌아보며, 사랑하는 이들에게 남긴 한 인간의 가장 진실한 고백이다.
말보다 마음이 먼저 다가오는 글, 그 문장들 앞에서 우리는 삶의 본질을 다시 배운다.